Tarif-Erhöhung

oder

Reichs-Eisenbahnen?

Eine volkswirthschaftliche Studie

von

einem Fachmann.

BERLIN.

Verlag von I. Guttentag (D. Collin).

1876.

Einleitung.

Die nachfolgende kleine Arbeit ist vor fast einem halben Jahre geschrieben. Der Verfasser hat sie nach ihrer Vollendung liegen lassen, weil es ihm damals unsicher schien, ob man sie lesen würde. In dieser Beziehung glaubt er jetzt günstigere Aussichten zu haben. Nachdem nicht nur in der Presse der Ankauf sämmtlicher deutscher Eisenbahnen durch das Reich mehrfach als einziges Mittel bezeichnet ist, eine Herabsetzung der Tarife und Beseitigung der einer gesunden Entwickelung des deutschen Eisenbahn-Wesens entgegenstehenden Schwierigkeiten zu erreichen, sondern neuerdings auch der deutsche Handelstag eine dahin zielende Resolution gefasst hat und selbst im Reichstag bei Gelegenheit der Budget-Berathung diese Angelegenheit, wenn schon nur oberflächlich berührt ist, darf der Verfasser wohl hoffen, dass auch das grössere Publikum dieser Sache mehr Aufmerksamkeit zuwenden und die Gelegenheit benutzen wird, sich etwas darüber zu orientiren. Das Bedürfniss einer gründlicheren Behandlung und Beleuchtung dieser Frage ist übrigens bei allen Verhandlungen über dieselbe so unzweideutig hervorgetreten, dass der Verfasser hieraus noch besonders den

Anstoss erhalten hat, jetzt mit der Veröffentlichung seiner Arbeit hervorzutreten. Zuvor hat er dieselbe noch einmal durchgesehen und dabei einige wichtige inzwischen bekannt gewordene Thatsachen und Zahlen berücksichtigt. Möge sie dazu dienen, die öffentliche Meinung über die darin behandelten, für die gesammte wirthschaftliche Entwickelung Deutschlands so wichtigen Fragen zu klären, und so zu einer glücklichen und richtigen Lösung derselben beitragen!

November 1875.

Der Verfasser.

I.

Im Juli und August 1874 hat auf den deutschen Eisenbahnen eine mehr oder minder allgemeine Erhöhung der Güter-Frachttarife stattgefunden. Die Ermächtigung zu dieser Tariferhöhung war den Eisenbahn-Verwaltungen durch Bundesrath-Beschluss vom 11. Juni 1874 ertheilt worden, welcher wörtlich lautet:

Der Bundesrath hat in seiner Sitzung vom 11. Juni 1874 beschlossen,

1. dass vom Standpunkte des Reichs gegen eine mässige, im Durchschnitt den Betrag von 20 pCt. nicht überschreitende Erhöhung der Eisenbahn-Frachttarife unter der Voraussetzung nichts zu erinnern sei, dass, sobald als die erforderlichen Vorarbeiten es gestatten, spätestens mit dem 1. Januar 1875 das in der Denkschrift Seite 41 bis 47 empfohlene Tarifsystem in seinen Grundzügen zur Einführung gelange, dass indessen diejenigen Bahnverwaltungen, welche das in der Denkschrift als „natürliche" (elsass-lothringische) bezeichnete Tarifsystem bereits eingeführt haben, solches beibehalten dürfen und dass dessen weiterer Einführung nichts entgegensteht;
2. dass interimistisch eine Erhöhung der bestehenden Gütertarife unter Ausschluss zur Zeit geltender Sätze für Getreide, Hülsenfrüchte, Kartoffeln, Salz, Mehl und Mühlen-

fabrikate durch einen Zuschlag von höchstens 20 pCt. herbeigeführt werden dürfe;

3. dass bei demnächstiger Normirung der Sätze zu dem Zwecke, die Frachteinheiten der generellen Wagenladungsklassen zu der Frachteinheit für Stückgut in ein angemessenes Verhältniss zu bringen, dahin zu wirken sei, dass die Differenz in den Sätzen für Klasse A. nicht weniger als $33^1/_3$ pCt., für Klasse B. nicht weniger als 50 pCt. der Sätze für Stückgut betrage;

4. dass die Vorschriften für die Beförderung von Stückgut, wie folgt, zu normiren:

   zu den Frachtsätzen der Stückgutklasse werden alle Güter befördert, welche der Versender nicht als Eilgut oder Wagenladung aufgiebt, bezw. welche nicht nach den bestehenden Vorschriften als Wagenladungen zu berechnen sind.

   Die Fracht wird nach dem Gewicht der Sendung berechnet, mit der Massgabe, dass für jeden Kubikmeter Wagenraum, welchen die Sendung nach der Feststellung der Versandt-Güter-Expedition in Anspruch nimmt, die Fracht für mindestens 3 Ztr. = 150 Kilogramm erhoben wird. Ueberschiessende Bruchtheile eines Kubikmeters werden mit $^3/_{10}$ Ztr. = 15 Kilogramm für jede angefangene 100 Kubikdezimeter berechnet. Der Frachtminimalsatz beträgt 0,4 Mark;

5. dass Salz und Kartoffeln der niedrigsten Tarifklasse, Getreide, Hülsenfrüchte, Mehl und Mühlen-Fabrikate derjenigen ermässigten Wagenklasse zugetheilt werden, deren Sätze den zur Zeit geltenden am nächsten stehen;

6. dass die Seite 224 ff. der Denkschrift vorgeschlagenen speziellen Tarifvorschriften nach Anhörung der Delegirten der Eisenbahn-Verwaltungen und, soweit erfor-

derlich, auch des Handelsstandes vom Reichs-Eisenbahn-Amt festgestellt und dem Bundesrathe zur Genehmigung unterbreitet werden, und dass dasselbe Verfahren sowohl in Bezug auf die gleichmässige Einreihung der Artikel in die in der Denkschrift Seite 42 gedachten Spezialtarife, als auch hinsichtlich der für das natürliche (elsass-lothringische) System erforderlichen Tarifvorschriften beobachtet werde;

7. dass vorbehalten bleibe, nach Ablauf von längstens 5 Jahren eine Revision des Tarifsystems nebst Ausführungsvorschriften vorzunehmen.

Es war nöthig, den Beschluss vollständig hier aufzunehmen, weil eine genaue Kenntniss desselben zur richtigen Auffassung der vorliegend zu behandelnden Fragen unerlässlich, derselbe aber nicht nur bei dem grösseren Publikum fast gänzlich unbekannt ist, sondern selbst in den Kreisen des Handels und der Industrie zu wenig zum Gegenstande eines eingehenderen Studiums gemacht zu sein scheint. Hieraus ist dann vielfach eine falsche Beurtheilung der durch den gedachten Bundesrathsbeschluss geschaffenen Lage hervorgegangen, insbesondere ist ein grosser Theil des verkehrtreibenden Publikums durch den Umstand, dass die grosse Mehrzahl der Bahnen bisher nur eine *interimistische* Tariferhöhung in Gemässheit der pos. 2 des Bundesrathsbeschlusses hat eintreten lassen bezw. eintreten lassen können, zu der irrigen Meinung veranlasst worden, dass die ganze vom Bundesrath ertheilte Ermächtigung zur Tariferhöhung nur eine *interimistische, provisorische* sei, und demgemäss es sich bei der ganzen Frage der Tariferhöhung nur um eine *vorübergehende* Massregel handele. Ein genauerer Blick auf den Bundesrathsbeschluss vom 11. Juni v. J. lehrt aber das Gegentheil. Denn während in pos. 2 allerdings nur eine *interimistische* Erhöhung der bestehenden Gütertarife unter *Ausschluss bestimmter Artikel* durch einen *Zuschlag* von *höchstens* 20 pCt. gestattet wird, giebt die pos. 1 die Ermächtigung zu einer *definitiven**) *allgemeinen***) *im Durchschnitt****) den Betrag von 20 pCt. nicht überschreitenden Erhöhung der Eisenbahn-Frachttarife. Allerdings ist diese Ermächtigung an gewisse Voraussetzungen und Bedingungen geknüpft, die namentlich in der Annahme des Seitens des Bundesraths empfohlenen, bezw. des sogenannten natürlichen oder elsass-lothringischen Tarifsystems bestehen. Aber insoweit die Bahnen diese Bedingungen erfüllt haben, bezw. noch erfüllen werden, kann es keinem Zweifel unterliegen, dass ihnen das Recht zusteht, ihre Tarife *definitiv, allgemein und durchschnittlich* um 20 pCt. zu erhöhen. Demgemäss haben denn auch einige südwestdeutsche Bahnen, welche das natürliche Tarifsystem bereits eingeführt hatten, namentlich die elsass-lothringischen Eisenbahnen und die badische Staatsbahn eine Tariferhöhung nach pos. 1 des Bundesrathsbeschlusses in ihren inneren und einigen direkten Verkehren eintreten lassen, während die übrigen deutschen Bahnen, welche die Bedingungen der pos. 1 nicht erfüllen konnten oder wollten, sich mit einer interimistischen Tariferhöhung in Gemässheit der pos. 2 des Bundesrathsbeschlusses begnügen mussten.

Dass diese Auffassung des Bundesrathsbeschlusses vom 11. Juni 1874 eine richtige ist, ergiebt sich weiter klar aus dem Bundesrath-Beschlusse vom 13. Februar d. J., dessen Wortlaut, soweit er in Betracht kommt, hier folgt:

---

*) Dieser Ausdruck findet sich nicht in dem Bundesrathsbeschluss, es kann aber sowohl nach dem ganzen Zusammenhang, als nach dem unter 2 gebrauchten Ausdrucke „interimistisch" die Bestimmung unter 1 nicht anders ausgelegt werden.

**) D. h. ohne Ausschluss der unter 2 genannten Artikel.

***) D. h. die Erhöhung darf im Durchschnitt für alle Tarifklassen nicht mehr als 20 pCt. betragen, kann für einzelne Klassen aber sehr wohl 20 pCt. übersteigen, wenn die andern Klassen nur entsprechend weniger erhöht sind.

Der Bundesrath hat in Erwägung etc. etc. beschlossen:

I. Vom Standpunkte des Reichs ist gegen die weitere Erhebung des durch Beschluss vom 11. Juni 1874 Ziffer 2 zugelassenen interimistischen Frachtzuschlages von höchstens 20 Prozent unter der Bedingung nichts zu erinnern,

1. dass von diesem Zuschlage, wie bisher ausgenommen bleiben: Getreide, Hülsenfrüchte, Kartoffeln, Mehl, Mühlfabrikate und Salz;
2. dass beim Transport in Wagenladungen und auf grössere Entfernungen der gedachte Zuschlag mit dem 1. April 1875 in Wegfall komme für Brennholz und für folgende Düngungsmittel:

   Poudrette, Düngerkalk, Gaskalk, Gaswasser, Chilisalpeter, Kalisalze, Fleischmehl, Guano, Knochenmehl, sauren phosphorsauren Kalk, Superphosphat, Superphosphorit;
3. dass bei Kohlen, Koaks, Erzen, Steinen, Roheisen, Bau- und Grubenholz, Vieh und bei folgenden Futtermitteln: Kleiarten, Rübenpresslinge, Hackfrüchte, Oelkuchen, Rapsmehl und Leinmehl im Sinne des Artikels 45 der Reichsverfassung eine Ermässigung des Zuschlags ins Auge zu fassen sei, vorausgesetzt, dass die Betriebs- und Finanzverhältnisse der betreffenden Eisenbahnen dieses unbedenklich erscheinen lassen.

Es wird hiernach durch den vorstehenden Beschluss die weitere Erhebung des durch Beschluss vom 11. Juni 1874 Ziffer 2 zugelassenen *interimistischen* Frachtzuschlags unter gewissen Bedingungen genehmigt, während von der unter 1 dieses Beschlusses behandelten Frachterhöhung um deswillen keine Rede ist, weil dieselbe als *definitive* keiner Verlängerung bedurfte.

In richtiger und durch die betreffenden Aufsichts-Behörden gebilligter Auffassung des Beschlusses vom 13. Februar d. J. haben deshalb diejenigen Bahnen, welche das natürliche Tarif-System bereits eingeführt und ihre Tarife, wie oben erwähnt, zum Theil definitiv erhöht hatten, denselben für diese Tarife nicht zur Ausführung gebracht. Das verkehrtreibende Publikum dagegen, wenigstens zum grössten Theil, hat in dem Beschluss vom 13. Februar d. J. nur eine Bestätigung seiner irrigen Auffassung gefunden, dass es sich bei der Tariferhöhung lediglich um eine *auf Zeit beschränkte provisorische* Massregel handele, und hat, gestützt auf die in dem erwähnten Beschluss theils angeordnete, theils empfohlene stückweise Aufhebung des provisorischen 20prozentigen Zuschlages und auf die Thatsache, dass gleichzeitig einige Eisenbahn-Verwaltungen zur Wiederbelebung des gesunkenen Verkehrs für einzelne Artikel auf diesen Zuschlag ganz oder theilweise verzichtet haben, sich der Hoffnung hingegeben, dass es nicht mehr allzulange dauern würde, bis die gesammte Tariferhöhung beseitigt wäre. Diese Ansicht ist aber eine *grundfalsche* und *durchaus irrige.* Durch den Bundesrath-Beschluss vom 13. Februar d. J. ist an der in pos. 1 des Bundesrathsbeschlusses vom 11. Juni v. J. ertheilten Ermächtigung *Nichts* geändert und noch heute liegt es in der Hand der deutschen Eisenbahn-Verwaltungen, sich durch Erfüllung der in dem letztgenannten Bundesrathbeschluss gestellten Bedingungen eine *definitive*, *allgemeine durchschnittlich* 20 pCt. nicht übersteigende Erhöhung ihrer Güterfrachttarife zu sichern. Nach Lage der Sache kann es aber kaum einem Zweifel unterliegen, dass die Eisenbahn-Verwaltungen von dieser Befugniss früher oder später auch Gebrauch machen werden, aus dem einfachen Grunde, weil ihre finanzielle Lage sie dazu zwingt. Der Beweis für diese Behauptung wird sich aus den nachfolgenden Ausführungen zur Genüge ergeben.

Es handelt sich also bei der durch den Bundesrath be-

schlossenen Tariferhöhung nicht um eine Massregel von vorübergehender, verhältnissmässig geringer Bedeutung, sondern um eine dauernde Belastung von Handel und Industrie und demgemäss um eine Frage von höchster volkswirthschaftlicher Tragweite.

Es musste dies gegenüber den verbreiteten irrigen Ansichten zunächst festgestellt und hervorgehoben werden, um die nachfolgenden Ausführungen verständlicher zu machen und darzuthun, von welcher Wichtigkeit es ist, die Ursachen klar zu stellen, welche die Tariferhöhung nothwendig gemacht und hervorgerufen haben, sowie die Mittel zu prüfen, welche geeignet erscheinen können, sie zu beseitigen.

II.

Was zunächst die Frage anlangt, welche Ursachen die Massregel der Tariferhöhung hervorgerufen, bezw. nothwendig gemacht haben, so finden sich in der Denkschrift, welche dem Antrage des Reichskanzlers an den Bundesrath vom 5. Mai 1874, betreffend Tariferhöhung, beigefügt ist, ausführlich die Gründe erörtert, welche für die Berechtigung einer Tariferhöhung sprechen.

Von der Ansicht ausgehend, dass eine Tariferhöhung nicht durch ein vorübergehendes Sinken des Reinertrages, sondern nur durch eine andauernde, in der Verkehrsvermehrung keine hinreichende Deckung findende Erhöhung der Betriebs-Ausgaben motivirt werden könne, hat das Reichs-Eisenbahn-Amt von den deutschen Eisenbahn-Verwaltungen eine Zusammenstellung der Betriebsergebnisse der Jahre 1867 bis einschliesslich 1873 eingefordert und dieselben gleichzeitig veranlasst, sich noch über verschiedene Fragen zu äussern, deren Beantwortung zur Beurtheilung des Gesammtresultats der Betriebsergebnisse erforderlich schien. Das Ergebniss dieser Ermittelungen ist ungefähr folgendes:

Die Betriebslänge der deutschen Eisenbahnen hat sich gegen das Jahr 1867 von 14046 Kilometer auf 21897 Kilometer im Jahr 1873, also um 56 pCt., das Gesammtanlage-Kapital dagegen von 2865,224,012 M. auf 5136,016,164 M. also um 79 pCt. und pro Kilometer Bahnlänge von 203,977 M. auf 234,544 M. also um 15 pCt. vermehrt. Die Betriebs-Einnahmen des Jahres 1873 sind gegen das Jahr 1867 von 388,384,706 M. auf 694,261,488 M. insgesammt also um 79 pCt. und pro Kilometer Bahn von 28,186 M. auf 32,283 M., also um 15 pCt. gestiegen. Dagegen haben sich die Betriebs-Ausgaben einschliesslich der zu Meliorationen, zu Rücklagen in die Reserve- und Erneuerungsfonds verwendeten Beträge von 221,890,280 M. auf 482,018,007 M. also insgesammt um mehr als das Doppelte und pro Kilometer Bahn von 16,103 M. auf 22,414 M., also um etwa 40 pCt. vermehrt. In Prozenten der Brutto-Einnahmen betrugen dieselben im Jahre 1867 57 pCt., im Jahre 1873 69 pCt. Der Ueberschuss der Betriebs-Einnahmen über die Betriebs-Ausgaben ist von 166,494,426 M. im Jahre 1867 auf 212,243,481 M. im Jahre 1873, mithin um 27 pCt. gestiegen, dagegen pro Kilometer Bahnlänge von 12,083 M. auf 9869 M. mithin um 18 pCt. *gesunken.* Während derselbe im Jahre 1867 noch 42 pCt. der Brutto-Einnahmen betrug, ist er im Jahre 1873 auf 30 pCt. derselben herabgegangen und gewährte eine Verzinsung des Anlagekapitals im Jahre 1867 von 5,8 pCt., im Jahre 1871 von 6,1 pCt., 1872 von 5 pCt., 1873 von 4,1 pCt.

Aus dieser Zusammenstellung ergiebt sich als besonders bemerkenswerth die enorme Steigerung der Betriebs-Ausgaben. Die Denkschrift des Reichs-Eisenbahn-Amtes liefert in dieser Hinsicht detaillirte Angaben über die Erhöhung der Beamtengehälter, der Arbeitslöhne und die Preissteigerung der Materialien und indem sie die Frage erörtert, ob und inwieweit diese Vermehrung der Betriebs-Ausgaben für eine dauernde zu erachten sei, constatirt sie, dass seit wenigen Jahren eine durchschnittliche Preissteigerung aller Waaren von etwa 20 pCt. sich vollzogen habe, oder dass mit andern Worten der Kaufwerth des Geldes in gleichem Betrage gesunken sei. Sie hält diese Erscheinung nicht für vorübergehend, sondern für *dauernd* und begründet dies folgendermassen:

„Für Waaren und zumal solche Waaren, deren Production und Konsumtion erheblichen Schwankungen unterliegen, sind naturgemäss auch die Preise gleichmässigen Schwankungen ausgesetzt; aber die Erfahrung aller Zeiten lehrt, dass dies Gesetz für eine der wichtigsten Waaren im weitesten Sinne des Worts: für die Arbeit in sehr beschränktem Masse wirksam ist. Kann nicht davon die Rede sein, das Einkommen der — bei den Bahnen in grosser Zahl angestellten — Beamten wieder zu ermässigen, so ist dies ebensowenig bei den zahlreichen Arbeitern möglich, die fast durchgängig in nahen Beziehungen zu den untersten Kategorien der Beamten stehen. Aber selbst die Löhne der freien Arbeit — die Löhne der Maurer, Schlosser etc., deren die Eisenbahnen in namhafter Anzahl beschäftigen müssen, lassen sich nicht ohne grosse Gefahr beliebig herabdrücken, und wenn dies auch für unmässig hoch gestiegene Löhne gelingen mag, im Grossen und Ganzen wird der seit mehreren Jahren gestiegene Lohn derselbe bleiben; ja diejenigen Bahnen, welche bisher mit der Lohnerhöhung unter besonders günstigen lokalen Verhältnissen zögern konnten, werden sich zu solcher nach und nach verstehen müssen. Während für Bauholz und Schwellen theils wegen der Lohnerhöhung, theils wegen der zunehmenden Unausgiebigkeit näherer Bezugsquellen eine Preisermässigung überhaupt nicht erwartet wird, stehen die Preise der Kohlen und des Eisens allerdings nicht mehr auf der ungewöhnlichen Höhe der Jahre 1872—1873. Insoweit aber die von den Kohlen- und Eisenproduzenten zu zahlenden, den grösseren oder doch einen grossen Theil der Selbstkosten bildenden Löhne einer nicht oder nur zum geringeren Theile rückgängig zu machenden Steigerung unterlegen haben, wird der Betrag dieser Steigerung in den Preisen der Produkte, von vorübergehenden Konjunkturen abgesehen, in Gemässheit der unabänderlichen Gesetze der Preisbildung, nothwendig zur Erscheinung kommen müssen."

Hiernach scheint es aber dem Reichs-Eisenbahn-Amte um so weniger gerechtfertigt, den Eisenbahnen eine Erhöhung ihrer Tarife zu verweigern, als gerade die Industrie, welche dieselbe bekämpfe, durch die übermässige Ausdehnung der Produktion in den letzten Jahren vorzugsweise mit dazu beigetragen habe, die besprochene Preissteigerung herbeizuführen und sie sich den Konsequenzen dieses Verfahrens auch den Eisenbahnen gegenüber nicht entziehen könne. Ausserdem sei zu beachten, dass die Mehrzahl der Bahnen durch Konkurrenz von neuen entweder im Bau begriffenen oder doch gesicherten Linien einer Verkehrsabnahme entgegengehe, deren Folgen durch Ersparnisse nicht oder nur zum geringen Theil beseitigt werden können.

Das Reichs-Eisenbahn-Amt gründet sonach die Nothwendigkeit der Tariferhöhung und zwar, wie sich auch aus dieser Begründung ergiebt, einer *dauernden, definitiven Tariferhöhung* in erster Linie auf die bedeutende und dauernde Steigerung der Betriebskosten, welche durch die Erhöhung der Beamtengehälter, der Arbeitslöhne und die Preis-Steigerung der Materialien, bezw. durch das Sinken des Geldwerths verursacht ist. Es kann wohl keinem Zweifel unterliegen, dass diese Anschauungsweise des Reichs-Eisenbahn-Amtes eine richtige ist, namentlich insofern es sich bei den Ausführungen der Denkschrift vom 5. Mai v. J. darum handelte, festzustellen, wie es gekommen ist, dass die noch vor Kurzem im Allgemeinen günstige Lage der deutschen Eisenbahnen sich *plötzlich* in eine entschieden ungünstige verwandelt hat. Indess reichen diese Gründe nicht aus, die über unser gesammtes Eisenbahnwesen hereingebrochene Krisis vollständig zu erklären. Zunächst haben sich die Betriebs-Ausgaben, wie wir oben sahen, um etwa 40 pCt. vermehrt und die Gesammt-Rente ist von 6,1 pCt. im Jahre 1871 auf 4,1 pCt. im Jahre 1873, also um über 30 pCt. heruntergegangen, während das Sinken des Geldwerths bezw. die Preiserhöhung der Materialien, Gehalte und Löhne ja nur um etwa 20 pCt. stattgefunden hat. Was aber das Auffallendste ist, das rapide Sinken der Rente hat stattgefunden in einer Zeit, wo ein ganz ungewöhnlicher Aufschwung des Verkehrs stattfand und sich in Folge dessen die Transportmengen und die Einnahmen der Eisenbahnen ganz erheblich erhöhten. Es ist deshalb auch unrichtig, wenn jetzt oft der Nothstand unserer Eisenbahnen aus der allgemeinen Handelskrisis hergeleitet wird. Denn diese ist in Deutschland erst Mitte des Jahres 1873 fühlbar geworden, das Sinken der Eisenbahn-Rente hat aber, wie eben dargelegt, gerade in den vorhergehenden Jahren der allgemeinen Blüthe des Handels und der Industrie stattgefunden. Dass nachträglich die Handelskrisis die ungünstige Lage der Eisenbahnen noch verschärft hat, dass sie namentlich die Konsequenzen aus dem Sinken der Rente gezogen und die Kurse der Eisenbahn-Aktien zum grossen Theil auf weniger als die Hälfte herabgedrückt hat, vermag an dem oben aufgestellten Satze Nichts zu ändern.

Man muss also nach weiteren Gründen suchen, um diese auffallende Erscheinung zu erklären, und man wird von selbst auf die Gedanken geführt, dass irgend ein fauler Punkt im *Innern des Deutschen Eisenbahn-Organismus* existirt, und dass die als Urheberin der Tariferhöhung hingestellte allgemeine Preissteigerung mehr nur die *äussere* Veranlassung gewesen ist, eine bereits seit langer Zeit bestehende Krankheit zu einem acuten Ausbruch zu bringen. Die Denkschrift des Reichs-Eisenbahn-Amtes berührt diesen kranken Punkt oberflächlich, indem sie auf die durch die Konkurrenz neuer Linien für die Mehrzahl der Bahnen zu erwartende Verkehrs-Abnahme hinweist.

In der That ist die Konkurrenz die Krankheit, an der unser deutsches Eisenbahnwesen darniederliegt, und die Konkurrenz ist wieder hervorgerufen durch die Vielheit der deutschen Eisenbahnverwaltungen und die Zerrissenheit unseres Bahnnetzes. Aus letzterem entspringen nicht nur hohe Verwaltungs- und Betriebskosten an sich, sondern das Durcheinander- und Nebeneinanderliegen der verschiedenen Eisenbahnverwaltungen veranlasst auch eine enorme Vergeudung von Mitteln infolge von Konkurrenzen im Bau und Betrieb.

Das bunte Bild, welches eine deutsche Eisenbahnkarte gewährt, rührt zum Theil von unserer deutschen Kleinstaaterei und Zerissenheit, zum grossen Theil aber auch daher, dass eine entschiedene Eisenbahnpolitik nur in einigen kleinen Staaten verfolgt ist, dagegen in dem grössten deutschen Staate, Preussen, bis auf die neueste Zeit ein beständiges Hin- und Herschwanken zwischen den beiden grossen Principien, Staatseisenbahnen und Privatbahnen, stattgefunden hat. Wir zählen gegenwärtig in Deutschland 63 selbstständig verwaltete Eisenbahnen, deren Linien zum grössten Theil kreuz und quer durch- und nebeneinanderliegen, fast nirgends einen einigermassen abgeschlossenen Complex bilden. Dass hierdurch enorme Kosten und Uebelstände eintreten *müssen*, bedarf für den Fachmann keiner weiteren Ausführung. Ich will indess beispielsweise einige der dadurch veranlassten Nachtheile hier kurz erörtern und versuchen, auch für die dem Eisenbahnbetrieb ferner Stehenden die Sachlage klarzustellen.

Dass an sich *63 Direktionen* mehr Personal brauchen und mehr kosten, als *eine Direktion oder ein halbes Dutzend*, leuchtet wohl Jedermann ein. Eine weitere Frage ist nun die: kann das gesammte deutsche Eisenbahnnetz von einer oder einer geringen Zahl von Zentralstellen verwaltet werden und sind dann nicht wieder eine grössere Zahl von Unterdirektionen nöthig, die ebensoviel kosten, als jetzt die 63 selbstständigen Direktionen? Nach des Verfassers Meinung dürften keine unüberwindlichen Schwierigkeiten entgegenstehen, die deutschen Eisenbahnen von einer oder mehreren Zentralstellen zu verwalten und dabei gegen den jetzigen Zustand *erheblich* an Personal und Verwaltungskosten zu sparen. Denn die Unter-Direktionen bestehen bei den grösseren Verwaltungen doch bereits in einer oder der anderen Form (Eisenbahn-Kommissionen, Ober-Inspektionen, Betriebs-Direktionen, Betriebs-Inspektionen). Diese könnte man zu Betriebs-Kommissionen umgestalten, und jedenfalls würde ein grosser Theil der nach Hunderten zählenden Mitglieder der selbstständigen 63 Direktionen entbehrlich werden, ganz abgesehen von den Verwaltungsräthen etc. der Privatbahnen.

Aber diese gewissermassen direkte Ersparniss bei einer grösseren Konzentrirung unserer Eisenbahn-Verwaltung ist eigentlich die geringste. Der Schwerpunkt liegt in der indirekten Ersparniss von Kosten und Kräften, welche durch die Aufhebung der vielen *unabhängig nebeneinander stehenden* Verwaltungen gemacht werden könnte. Wer da weiss, welche Summe von Schreibereien lediglich durch die 60fache Verwaltungszersplitterung hervorgerufen wird, welche Anzahl von Beamten und Arbeitern lediglich hierdurch für die Zentral-Büreaus und den Betriebsdienst der deutschen Eisenbahn-Verwaltungen erforderlich werden, der wird nicht zweifeln, dass durch die Beseitigung dieser Vielregiererei allein jährlich beträchtliche Summen gespart werden können, der Geschäftsgang aber dabei an Raschheit und Sicherheit nur gewinnen kann. Welche dicken Aktenstücke werden oft um eine Reklamation, um eine Tarifmassregel geschrieben! Und nun erst die unendlichen Abrechnungen der einzelnen Bahnen untereinander und der Eisenbahn-Verbände! Wenn jetzt eine Person oder ein Gut von Berlin nach Karlsruhe transportirt wird, so sind hieran 6 verschiedene Verwaltungen betheiligt, Anhaltische, Thüringische, Bergisch-Märkische, Bebra-Frankfurter, Main-Neckar-Bahn und Badische Staatsbahn. Für alle diese müssen die Antheile an dem Personenfahrgeld, Gepäckfracht oder Güterfracht berechnet, in der Abrechnung zugeschrieben und von den Bahnen vereinnahmt werden, während, wenn die ganze Linie unter einer Verwaltung stände, einfach die Abgangs- oder Empfangsstation den ganzen Betrag erheben und in Einnahme bringen würde. Um eine derartige Masse von Schreibereien und Berechnungen zu bewältigen, sind natürlich ganze Beamtenheere nothwendig. Es wird einen Begriff davon geben, welchen Umfang allein die Abrechnungs- bezw. Kontrol-Büreaus haben, wenn man hört, dass 1874 die Betriebs-Kontrole der preussischen Ostbahn 77, der Niederschlesisch-Märkischen Bahn 81, der Cöln-Mindener Eisenbahn 99 und der Rheinischen Eisenbahn gar 170 Beamte zählte. Nun werden allerdings diese Kontrolen und Abrechnungen immer nothwendig bleiben, aber je grösser und geschlossener die Bahnkomplexe sind, um so leichter und einfacher sind sie, um so weniger Personal erfordern sie verhältnissmässig. Wenn man sich sämmtliche deutsche Eisenbahnen als ein einheitliches Netz denkt, wenn man von Memel bis Basel im Lokalverkehr kartiren könnte, so würde sicher kaum der 10. Theil des jetzigen Personals zur Kontrolirung dieses Verkehrs nöthig sein. Nicht minder würde bei den Güterexpeditionen wohl die Hälfte des Personals zu entbehren sein, wenn statt der 1357 internen und Verbandstarife ein einfacher einheitlicher Tarif für ganz Deutschland existirte.

In gleicher Weise wie die Betriebs-Kontrol-Büreaus bestehen ferner bei jeder Verwaltung Wagen-Kontrol-Büreaus, welche die Abrechnungen über die Benutzung der Wagen zwischen den verschiedenen Verwaltungen führen. Es wird nämlich für jeden Wagen, welcher auf fremder Bahn läuft, der Eigenthumsbahn eine Miethe vergütet, welche sich zusammensetzt aus einer Zeitmiethe und Laufmiethe. Erstere setzt eine gewisse Entschädigung fest für die Zeit, welche sich der Wagen auf der fremden Bahn überhaupt befindet, letztere einen gewissen Betrag für die Anzahl Kilometer, welche er auf derselben durchläuft. Um dies zu kontroliren, muss auf jeder Station jeder Wagen, der ankommt oder abgeht, nach Eigenthumsbahn, Nummer und Tageszeit der Ankunft bezw. des Abgangs notirt und rapportirt werden, auf den Uebergangsstationen jeder Wagen, der von oder auf die fremde Bahn übergeht. Nach diesen täglichen Rapporten der Stationen können die Abrechnungsbüreaus den Lauf jedes Wagens auf der eigenen Bahn genau verfolgen, sowie feststellen, auf welche Bahn Wagen der Verwaltung übergegangen sind, und wie lange sie abwesend gewesen sind. Auf Grund der hiernach gemachten Zusammenstellungen, welche gegenseitig mitgetheilt werden, rechnen dann die Büreaus der einzelnen Bahnen unter einander ab. Dass es hierbei an Differenzen und Hin- und Herschreibereien nicht fehlt, ist selbstverständlich, und welche Zahl von Wagennotirern auf den Stationen und Beamten in den Büreaus blos durch diese Wagenabrechnung nothwendig wird, lässt sich denken. Es beschäftigten z. B. 1874 in ihren Wagenkontrolen die Niederschlesisch-Märkische Bahn 26, die Ostbahn 29, die Cöln-Mindener Bahn 36, die Rheinische Bahn 50, die Elsass-Lothringische Bahn 54 und die Hannoversche Staatsbahn 65 Beamte.

Mit diesem verschiedenen Wagen-Eigenthum hängen noch manche andere Kosten und Weitläufigkeiten zusammen, z. B. die Feststellung der häufig eintretenden grösseren oder geringeren Beschädigungen der Wagen, wozu an allen Uebergangspunkten besondere Beamte angestellt sind, die Liquidirung der erfolgten Reparaturen gegen die fremden Verwaltungen etc., welche eine Menge Schreibereien veranlassen.

Das sind einige Beispiele, welche Kosten und Uebelstände im Einzelnen die Zerrissenheit des deutschen Bahnnetzes mit sich bringt. Zum Theil sind dieselben dem verkehrtreibenden Publikum aus eigner Erfahrung einigermassen bekannt, und wer einmal eine Reklamation, an welcher eine grössere Zahl von Bahnen betheiligt war, durchgemacht hat, der weiss, wie lange es dauert, bis er eine Entscheidung erhält. Es liegt aber in den weitaus meisten Fällen diese Verzögerung nicht etwa in einem Verschulden der Bahnen und einer Verschleppung der Angelegenheit, sondern sie hat ihren Grund einfach wieder in der Vielheit unserer Eisenbahn-Verwaltungen. Denn es ist klar, dass es mehr Zeit kostet, wenn ein halb Dutzend Bahnen eine Sache prüft und jede einzelne bei ihren unteren Organen Nachfrage hält und untersucht, als wenn dies von *einer* Stelle aus geschieht. Wie aber jetzt die Verhältnisse liegen, muss eine jede Bahn mit grossen Kosten nicht nur ein besonderes Reklamationsbureau halten, sondern auch auf allen Uebergangsstationen nach fremden Bahnen durch ihre Beamten die Beschaffenheit des übergehenden Gutes, etwaige Mängel und Beschädigungen feststellen, über deren Entstehung Untersuchungen anstellen etc.

Was Wunder, wenn die Zahl des Personals bei den deutschen Bahnen eine ungewöhnlich grosse ist. Nach den offiziellen statistischen Nachrichten von den *preussischen* Eisenbahnen waren im Jahre 1873 allein bei diesen im Ganzen *78637 Beamte und Hülfsarbeiter und 83477 Arbeiter* beschäftigt, welche 147,287,919 M. an Gehalt bezw. Arbeitslohn bezogen. Das ergiebt pro Kilometer Bahnlänge 5,6 Beamte und 5,9 Arbeiter mit einer Ausgabe von 10650 M. und auf je 100,000 M. Brutto-Einnahme eine Ausgabe von 30118 M. *Also fast ein Drittel der Brutto-Einnahmen wird durch Gehalte und Löhne verschlungen.* Da scheint es denn doch sehr angebracht, Alles aufzubieten, um eine Verminderung dieses kolossalen Personals herbeizuführen, und die Möglichkeit zu erwägen, ob nicht durch eine Vereinigung der deutschen Eisenbahnen zu einem oder mehreren grossen Komplexen jährlich Millionen an Ausgaben für Personal sich sparen lassen.

Aber ausser dieser Verschwendung von Menschenkräften bringt die Vielgestaltigkeit unserer Eisenbahn-Verwaltung noch eine Menge anderer Kosten und finanzieller Nachtheile mit sich. Zunächst werden auf jeder Uebergangsstation ausser dem zahlreichen Personal auch eine Menge Bauten und Einrichtungen lediglich dadurch nöthig, dass hier 2 unter verschiedenen Verwaltungen stehende Bahnlinien zusammentreffen. Es ist ferner klar, dass der Betrieb auf einem kleinen Bahnnetz, welches überall an unter fremder Verwaltung stehende Linien angrenzt und von ihnen durchkreuzt wird, nie so billig und zweckmässig geregelt werden kann, wie auf einem grossen abgeschlossenen Bahncomplex. Dass aber auch die verschiedenen Bahngebiete nach den verschiedensten Normen verwaltet werden, und dass diese Verschiedenheit der Einrichtungen im Betriebe nicht nur sehr lästig ist, sondern ihn auch sehr vertheuert, ist eine weitere Folge der Zerrissenheit unserer Eisenbahnen. Insbesondere haben die betriebs- und bauleitenden deutschen Eisenbahntechniker in dieser Entwickelung der Verschiedenheiten im Bau und Betrieb Erstaunliches geleistet. Da sind nicht nur die ausgedehntesten Versuche über die beste Konstruktion des Oberbaues, der Wagen, Lokomotiven etc. gemacht worden, was an sich ja ganz lobenswerth und den Fortschritt in der Technik fördernd ist, sondern es sind auch eine Menge blosser Liebhabereien mit grossen Kosten zur Einführung gebracht worden. Es ist ja eine zu natürliche Schwäche, dass jeder etwas neues erfinden will, und diese neue Erfindung musste dann ausgeführt werden, auch wenn schon bei weitem bessere Konstruktionen vorhanden waren. So ist es gekommen, dass innerhalb des Vereins deutscher Eisenbahnen fast jede Bahn verschiedene Oberbau-Systeme und verschieden konstruirte Wagen und Lokomotiven besitzt, dass z. B. allein über 100 verschiedene Konstruktionen von Wagenachsbüchsen bestehen etc. *Alles das kostet aber Geld, sehr viel Geld sowohl in der Ausführung als im Betriebe.*

Es sei mir gestattet, zum Schluss noch an einem eklatanten Beispiele zu zeigen, wie sehr die Vielheit der deutschen Eisenbahn-Verwaltungen den Betrieb vertheuert. Es wurde bereits oben erwähnt, welche Schwierigkeiten und Kosten der Umstand veranlasse, dass jede Eisenbahn-Verwaltung ihren besonderen Wagenpark habe. Diese Thatsache macht sich aber noch nach einer anderen Richtung hin fühlbar. Nach den oben erwähnten statistischen Nachrichten über die preussischen Eisenbahnen sind im Jahre 1873 auf denselben von Güterwagen durchlaufen beladen 2148,229,004 Achskilometer

leer 1020,608,625 „

also fast 50 pCt. sämmtlicher Güterzüge sind ohne Ladung gefahren. Diese an sich so erstaunliche und unerklärliche Thatsache findet in folgenden Verhältnissen ihre Begründung:

Viele grosse Transporte gehen regelmässig nur in einer Richtung, z. B. ein Kohlenrevier versendet nach allen Richtungen hin Kohlen in grossen Quantitäten, während der Empfang an anderen Gütern verhältnissmässig gering ist und zum Theil in bedeckten zum Kohlentransport nicht geeigneten Wagen angebracht wird. Unter diesen Verhältnissen bleibt Nichts übrig, als regelmässig ganze Züge leerer Kohlenwagen nach den betreffenden Stationen zu dirigiren, um sie dort zu beladen. In ähnlicher Weise wirkt jedes andere Bergwerk, ja jede grössere gewerbliche Anlage, welche grosse Massen von Gütern nur versendet, oder nur empfängt. Grosse Städte erfordern regelmässige Zufuhren z. B. an Vieh, das meist aus bestimmten Gegenden in besonderen Zügen hingeführt wird, welche dann leer zurücklaufen. Eine gute Erndte in dem einen und eine schlechte Erndte in dem andern Theil

Europa's rufen grosse Getreide-Transporte hervor, für welche nur in einer Richtung Ladung vorhanden ist.

Diese Unregelmässigkeiten, welche in der Natur des Verkehrs begründet sind, lassen sich selbstverständlich nicht beseitigen. Aber es giebt noch einen Umstand, welcher nicht in den natürlichen Verhältnissen, sondern in der Vielheit der deutschen Eisenbahn-Verwaltungen seinen Grund hat und nicht zum kleinsten Theil beiträgt zu dem erschreckenden Resultate, welches oben festgestellt wurde. Dieser Umstand ist eben der Mangel eines *gemeinsamen Wagenparks, bezw. die verschiedenen Eigenthums-Verhältnisse der Wagen.* Hieraus ergiebt sich nämlich mit Nothwendigkeit eine *beschränkte Benutzungsmöglichkeit* der beladen eingehenden Wagen, indem jede Bahn ihren Wagen sobald als möglich wieder zurück und nicht zu fremden Transporten benutzt haben will. *Die Folge davon ist, dass die Wagen immer nur nach Stationen der Eigenthumsbahn oder wenigstens in der Richtung dahin beladen werden können.* Empfängt also z. B. die Station Nauheim einen beladenen Berlin-Potsdam-Magdeburger bedeckten Wagen von Berlin, und sie hat zwar Ladung für einen bedeckten Wagen, aber nach München, so muss sie den Berlin-Potsdam-Magdeburger Wagen nach Berlin *leer* zurückschicken und von Giessen einen andern Wagen, der dann natürlich auch bis Nauheim *leer* läuft, requiriren. Dass in dieser Weise die Veranlassung zu zahllosen Leerfahrten gegeben wird, welche, wenn ein gemeinsamer deutscher Wagenpark existirte und man folgeweise alle eingehenden Wagen nach allen Stationen Deutschlands zurückbeladen könnte, vermieden würden, bedarf keiner weiteren Auseinandersetzung. Es kommt aber noch hinzu, dass häufig sogar dann, wenn eine entsprechende Rückladung vorhanden wäre, dieselbe dennoch auf einem andern Wagen befördert wird, weil die betreffenden Stationsbeamten zu bequem sind, bezw. sich vor allen Dingen vor Strafe, welche auf jeder regulativwidrigen Benutzung fremder Wagen steht, zu sichern suchen. Beladen eingehende fremde Wagen müssen nämlich binnen einer kurzen Frist entweder beladen oder leer zurückgeschickt werden, und da ist denn das Leerzurückschicken das bequemste und sicherste. Dazu kommt, dass in Zeiten des schlechten Verkehrs wie gegenwärtig, wo die grösseren Bahnen oft Tausende von Wagen leer stehen haben, diese häufig ohne Rücksicht auf die Wirthschaftlichkeit eines derartigen Verfahrens nur danach streben, ihre leeren Wagen, welche ihnen die Bahnhöfe füllen und sperren, in den Verkehr zu bringen, und deshalb grundsätzlich nur ihre eigenen Wagen beladen und die fremden Wagen leer zurückgehen lassen. Andererseits in Zeiten sehr starken Verkehrs und bei Wagenmangel verschärfen die oben erwähnten Benutzungshindernisse denselben noch bedeutend und thun auch so wirthschaftlich den grössten Schaden.

Es ist nun kaum möglich, mit annähernder Sicherheit zu sagen, welcher Prozentsatz von den gesammten Leerfahrten durch die oben geschilderten Verkehrsverhältnisse und welcher durch die auf dem verschiedenen Wagen-Eigenthum beruhenden Benutzungshindernisse hervorgerufen wird. Man könnte höchstens aus der Vergleichung mit grossen fremden Bahnen einen Schluss ziehen, und dazu fehlt leider das für die preussischen Bahnen gebotene statistische Material. Aber wenn man auch nur annimmt, dass ein Viertel der Leerfahrten aus dem verschiedenen Wagen-Eigenthum der preussischen Bahnen entstehe, so würden dies rund 250 Millionen Achskilometer sein. Die Betriebsausgaben für jeden durchlaufenen Achskilometer betragen aber nach den oben erwähnten statistischen Nachrichten für die preussischen Eisenbahnen durchschnittlich 0,06 M., ob beladen oder leer macht keinen Unterschied. Nach der obigen Annahme würden also allein auf den preussischen Eisenbahnen durch Vermeidung dieser Leerfahrten jährlich 250,000,000 × 0,06 M.

= 15,000,000 M. gespart werden können. Die preussischen Eisenbahnen sind aber nur etwa $^2/_3$ der deutschen Eisenbahnen, rechnet man für nicht preussische Bahnen nach demselben Massstab, so ergiebt sich für sämmtliche deutsche Bahnen ein Betrag von 20—25 Millionen Mark, welche, wenn *ein* deutscher Wagenpark statt 63 einzelner bestände, jährlich gespart würden.

Ausserdem bleibt noch zu bemerken, dass unzweifelhaft eine einzige oder ein halbes Dutzend grosser Verwaltungen mit einer *erheblich geringeren Zahl* Wagen dasselbe leiste könnte, wie jetzt der Wagenpark der verschiedenen deutschen Bahnen, eben weil innerhalb eines grösseren Bezirks eine weit bedeutendere Ausnutzungs-Möglichkeit für einen gleich starken Wagenpark besteht, als wenn derselbe auf viele kleine Bezirke vertheilt ist. Es würde also ein nicht unerhebliches Anlagekapital für Wagen gespart werden können und selbstverständlich die jährliche Verzinsung desselben gleichfalls. Man wird auch dies nicht zu gering schätzen, wenn man weiss, dass im Jahre 1873 die deutschen Eisenbahnen 170,408 Güterwagen besassen, welche ein Anlagekapital von 748,502,070 M. darstellten.

Wenn, wie wir sehen, die Verwaltungs- und Betriebskosten der deutschen Eisenbahnen durch die übermässige Zahl der selbstständigen Verwaltungen um einen Betrag vertheuert werden, welcher sich nach vielen Millionen Mark jährlich berechnet, so zeigt sich ein volkswirthschaftlich noch viel beklagenswertheres Bild, wenn man die Summen in Betracht zieht, *welche aus Konkurrenzrücksichten in dem Bau unnützer Linien vergeudet sind und noch täglich vergeudet werden.* Als volkswirthschaftlich unnütze Linie ist wohl mit Recht jede Eisenbahnlinie anzusehen, welche nicht ein neues Verkehrsgebiet aufschliesst oder eine in das Gewicht fallende Abkürzung für den grossen Durchgangsverkehr schafft, sondern wesentlich aus *Konkurrenzrücksichten* gebaut wird. *Dieses Bauen aus Konkurrenzrücksichten ist aber eine ganz besonders verderbliche Folge der Zersplitterung unseres Eisenbahn-Netzes.*

Dass die deutschen Eisenbahnen unter den Verhältnissen, unter denen sie entstanden sind, ohne jeden einheitlichen Plan ausgebaut wurden, war leider nicht anders möglich, und dass dabei Millionen unnützerweise geopfert sind, nicht zu vermeiden. Nachdem aber die Hauptlinien gebaut waren und die einzelnen Eisenbahngesellschaften Anschlüsse an einander gewonnen hatten, entstand naturgemäss ein Konkurrenzkampf unter den verschiedenen Verwaltungen in dem Bau von Neben- und Abkürzungslinien, der bereits weitere Millionen verschlungen hat und noch verschlingt. Man sehe z. B. nur die Karte von Rheinland-Westfalen an, in welcher Weise hier die Eisenbahnlinien kreuz und quer und nebeneinander laufen. Gewiss, diese dichtbevölkerten Gegenden mit hochentwickelter Industrie brauchen ein dichtes gut entwickeltes Eisenbahnnetz. Aber wenn man dasselbe nach einem zweckmässigen Plane neu konstruiren wollte, wie ganz anders würde es aussehen, wieviel Linien könnten gespart werden, ohne die Leistungsfähigkeit im geringsten zu beeinträchtigen. Die 3 konkurrirenden grossen Privatbahnen, Bergisch-Märkische, Köln-Mindener und Rheinische Bahn haben nicht nur für den Durchgangsverkehr eine jede sich selbstständige Linien geschaffen, sondern sie haben auch danach gestrebt und streben noch danach, nach allen bedeutenden Verkehrs- und Industriecentren der genannten beiden Provinzen ihre Linien heranzubauen, ganz unbekümmert darum, dass die daneben liegende Konkurrenzlinie vollständig im Stande ist, den vorhandenen Verkehr zu bewältigen. An alle grösseren industriellen Werke innerhalb des von ihnen durchschnittenen Gebietes haben die 3 Bahnen selbstverständlich Anschlussbahnen oder Geleise hergestellt, so dass ein grosser Theil aller dieser Werke 2 oder gar 3 Anschlüsse besitzt, während sie nur eines Anschlusses bedürften. Was das aber kostet, das vermag man leicht zu beurtheilen, wenn man die kolossalen Preise des Grund und Bodens und des Arbeitslohnes kennt, wie sie in Rheinland-Westfalen bestehen.

Und diese Konkurrenzbauten vermehren sich von Jahr zu Jahr! Prüft man die Neubauten der 3 genannten Verwaltungen, welche theils im Bau begriffen, theils erst koncessionirt und projektirt sind, so charakterisiren sich dieselben im Wesentlichen fast lediglich als *Konkurrenzbauten.* Wir erwähnen beispielshalber nur das grosse Projekt der Rheinischen Bahn von Düsseldorf über Barmen, Hagen nach Dortmund, sowie die im Emscherthal theils schon fertigen, theils im Bau begriffenen Bahnen. In letzterem tritt neuerdings als 4. Konkurrentin die westfälische Staatsbahn auf, so dass gegenwärtig durch das Emscherthal 3 Bahnlinien theils schon im Betrieb, theils im Bau begriffen sind, die Cöln-Mindener, Bergisch-Märkische und Westfälische Emscherthalbahn. Jede dieser Linien baut wieder eine grosse Anzahl von Seitenlinien und Anschlüssen, und sie sind nach Kräften bestrebt, durch solche Seitenlinien sich gegenseitig den Weg zu versperren und den Bau zu vertheuern. Es ist wohl kaum zu bezweifeln, dass durch *eine* zweckmässig angelegte Hauptlinie mit den erforderlichen Seitenlinien und Anschlüssen bei einem Aufwand von vielleicht einem Drittel oder höchstens der Hälfte des Kapitals, welches die 3 Bahnen kosten, alle Bedürfnisse der Industrie des Emscherthales erfüllt werden könnten, und da allein die Westfälische Linie der Emscherthalbahn ein Baukapital von mindestens 20 Millionen Mark erfordern wird, so kann man sich eine Vorstellung machen, was allein hier unnützerweise verbaut wird.

Noch zwei eklatante Beispiele von Konkurrenzbauten sei es mir erlaubt specieller zu beleuchten, um zu zeigen, wie nicht nur die Privatbahnen, sondern gezwungen durch die Macht der Verhältnisse auch die Staatsbahnen sich an dieser verderblichen Vergeudung des National-Vermögens betheiligen.

Das eine Beispiel ist die von der Bergisch-Märkischen Bahn von der Station Scherfede der oberen Ruhrthalbahn nach der braunschweigischen Station Holzminden im Bau begriffene Linie, welche bestimmt ist, den Durchgangsverkehr von Berlin nach der Bergisch-Märkischen Bahn zu übernehmen. Für diesen Verkehr besteht aber bereits die sehr betriebsfähige und *kürzere* Strecke Soest-Holzminden, welche vollständig im Stande ist, den gedachten Verkehr zu bedienen. Unglücklicherweise gehört dieselbe aber nicht der Bergisch-Märkischen Bahn, sondern der Westfälischen Staatsbahn und die Bergisch-Märkische Bahn hat aus Konkurrenzrücksichten ein Interesse daran, die Westfälische Staatsbahn aus diesem Verkehr zu verdrängen und durch die Braunschweigischen Bahnen, welche ihr und der Berlin-Potsdam-Magdeburger Bahn zur Hälfte gehören, in direkte Verbindung mit dieser Bahn zu treten. *Deshalb allein* wird die Bahn Scherfede-Holzminden von 49,35 Kilom. Länge gebaut. Ein Lokalverkehr von irgend welcher Bedeutung wird nicht aufgeschlossen, die Bahn wird sogar eine ganze Strecke in geringer Entfernung mit der Westfälischen Bahn parallel laufen, wohl aber wird sie über sehr schwieriges Terrain geführt und deshalb im Bau und Betrieb sehr kostspielig werden.

Der andere mit dem ersten, wie wir nachher sehen werden, in ursachlichem Zusammenhang stehende Konkurrenzbau ist der der Westfälischen Staatsbahn von Welwer nach Dortmund. Diese Linie läuft fast vollständig parallel der schon bestehenden Bergisch-Märkischen Linie Soest-Dortmund. Sie schliesst weder an nennenswerthe bisher nicht von der Eisenbahn berührte Orte an, noch kürzt sie erheblich ab. Es würde auch dem Staate nicht eingefallen sein, sie zu bauen, wenn die Linie Dortmund-Soest zu der Westfälischen und nicht zu der Bergisch-Märkischen Bahn gehörte, und es sind in diesem Sinne vor Beginn des Baues mit der Bergisch-Märkischen Bahn Verhandlungen wegen Abtretung der Linie Dortmund-Soest gepflogen worden, welche jedoch bei dem ablehnenden Verhalten der Bergisch-Märkischen Bahn zu keinem Resultate führten. Nun wird die Linie Welwer-Dortmund neben der Linie Soest-Dortmund lediglich aus Konkurrenzrücksichten und zwar infolge des Baus der zuerst erwähnten Bahn Scherfede-Holzminden gebaut. Wir lassen zum Beweis die Motive des dem preussischen Landtag vorgelegten Gesetz-Entwurfs über den Bau von Welwer-Dortmund hier wörtlich folgen:

„Wenn die ad I[d] gedachte Bahn Godelheim-Nordheim nothwendig erscheint, um die Westfälische Bahn dauernd an dem Verkehr von Osten nach Westen theilnehmen zu lassen, so ist die Ausführung der Bahn von Welwer nach Dortmund geboten, um der Westfälischen Bahn die fernere Betheiligung an den Transporten in umgekehrter Richtung zu sichern. Bisher werden diese Transporte, welche hauptsächlich in den Massenerzeugnissen des Ruhrreviers bestehen, der Westfälischen Bahn von der Bergisch-Märkischen in Soest zugeführt. Dies wird aber aufhören, sobald die letztgenannte Bahn die Verbindung ihrer Ruhrthalstrecke, resp. der von ihr bekanntlich angekauften Hessischen Nordbahn mit dem Braunschweigischen Bahnnetz bei Holzminden hergestellt hat. Von dem Moment der Fertigstellung der bereits konzessionirten Verbindung wird sie die auf ihren Stationen originirenden Transporte nicht mehr in Soest abgeben, sondern unter Vernachlässigung der kurzen Strecke Unna-Soest bis Holzminden führen und hier der Braunschweigischen Bahn abliefern. Es erübrigt deshalb nur, dass die Westfälische Bahn sich eine von der Bergisch-Märkischen Bahn unabhängige Stellung verschafft und zu dem Ende in das grosse Produktionsgebiet des Ruhrbeckens selbst eindringt.“

So zieht der Bau einer Konkurrenzlinie den der andern nach sich, es ist der Fluch der bösen That!

Vom allgemeinen volkswirthschaftlichen Standpunkte aus ist also das Baukapital beider Linien, welches mindestens 30 Millionen Mark betragen wird, geradezu weggeworfen. Denn der geringe Nutzen, den diese Bahnen durch Berührung einiger kleiner Orte und industrieller Anlagen gewähren, wird dadurch aufgewogen, dass ein nicht unbedeutender Theil gerade des fruchtbarsten Bodens von Westfalen durch die Erbauung dieser Linien theils dem Ackerbau ganz entzogen, theils deteriorirt wird.

Es sind das nur Beispiele, die zur Illustrirung dieser Art des *Konkurrenz- und Abbauens* dienen sollen, wie es jetzt in der heillosesten Art überall getrieben wird, und es würde nicht schwer fallen, noch eine ganze Reihe derartiger Fälle aufzuzählen. So sehen wir im Osten die Oberschlesische Bahn im Konkurrenzkampfe mit der Breslau-Schweidnitz-Freiburger und Rechten Oder-Ufer-Bahn, die Niederschlesisch-Märkische Bahn baut sich in Konkurrenz mit der Breslau-Schweidnitz-Freiburger gewissermassen selbst ab durch die Abkürzungs-Linie Arnsdorf-Gassen, ein Gleiches ist im Norden die Hannoversche Staatsbahn auf der Route Hannover-Harburg zu thun gezwungen, um der Konkurrenz der Venlo-Hamburger Bahn zu begegnen, in Süddeutschland haben wir dasselbe Schauspiel erlebt zwischen der Bayerischen Staats- und Bayerischen Ostbahn, bis dasselbe durch den jetzt erfolgten Ankauf der letzteren durch den Staat ein Ende gefunden hat, *kurz überall Konkurrenz und Vergeudung enormer Kapitalien in unproduktiver Weise. Und diese Kapitalien werden bewilligt, sei es von den Volksvertretungen, sei es von den Aktionären der Gesellschaften, ohne dass* **eine** *Stimme sich dagegen erhebt und die grossen Interessen der Gesammtheit zur Geltung bringt gegenüber den kleinen Gesichtspunkten der einzelnen Bahnverwaltungen!*

Es wird wohl kaum zu hoch gegriffen sein, wenn man annimmt, dass bereits Hunderte von Millionen in dieser Weise in Deutschland unnütz verbaut worden sind, und dies Geschäft wird noch immer mit ungeschwächten Kräften fortgesetzt, obgleich die jetzige Krisis den zu sehr ausschweifenden Projekten der Privatbahnen einen Zügel angelegt hat. Mit Recht aber muss jeder Denkende, dem diese Verhältnisse bekannt sind, sich fragen: Ist Deutschland reich genug, in dieser Weise sein Nationalvermögen zu vergeuden? Werden nicht die verderblichsten Folgen zunächst für die Eisenbahnen selbst, dann aber für die ganze deutsche Volkswirthschaft hieraus entstehen?

Aber, wird von manchen Seiten entgegengehalten werden, sind denn diese Kapitalien wirklich so ganz ohne Nutzen verbaut? Werden nicht wenigstens durch diese Konkurrenzbauten die nothwendigen Konkurrenzen der Eisenbahnen untereinander und so für das Publikum billigere Tarife geschaffen?

Die Antwort hierauf ist sehr einfach: Wenn ein rationell angelegtes, den Bedürfnissen entsprechendes Eisenbahnnetz 100 Millionen kostet und statt dessen ein Netz von Konkurrenzbahnen für 150 Millionen gebaut wird, wer *kann* da wohl billigere Tarife gewähren? *Offenbar das erstere Netz.* Es *wird* sie aber auch in Wirklichkeit auf die Dauer gewähren, weil das in Eisenbahnen angelegte Kapital naturgemäss nach einer gewissen Rente strebt und die konkurrirenden Bahnen deshalb schliesslich ihre Konkurrenz aufgeben und gemeinschaftlich derartige Tarife einführen, dass die 150 Millionen sich verzinsen. *Das nennt man dann Tariferhöhung.*

Wem aber diese einfache Deduktion nicht genügt und wer noch immer Anhänger der grauen Theorie von der alleinseligmachenden Konkurrenz ist, dem empfehle ich die kürzlich erschienene Schrift des General-Direktors des österreichischen Eisenbahnwesens W. von Nördling „Eisenbahn-Konkurrenz und Eisenbahn-Fusionen in England“, Auszug aus dem Werke „du régime des travaux publics en Angleterre“ von Ch. de Franqueville zum genaueren Studium. In England hat man die gründlichsten Erfahrungen in Allem, was Konkurrenz heisst, gemacht. Man hat, wie bei uns, eine grosse Zahl kleiner Verwaltungen gehabt, welche im Bau und Betrieb sich die schönste Konkurrenz gemacht haben, und das Endresultat, das jetzt von keiner Seite mehr bestritten wird, ist die unnütze Vergeudung von vielen 100 Millionen, welche jetzt mitverzinst werden müssen, und daher *höhere Tarife, als früher.* Zum Beweis erlaube ich mir, die Aussagen einiger Experten anzuführen, welche dieselben vor den Königlichen Kommissionen, welche zur Untersuchung dieser Fragen in England eingesetzt waren, abgegeben haben. Da ist zunächst die Aussage des Herrn Stewart, Direktors der London- und Nordwestbahn, der grössten englischen Eisenbahngesellschaft:

Frage: „Sie scheinen demnach weder mit Rücksicht auf die Hauptstationen noch mit Rücksicht auf die Zwischenstationen der Ansicht zu sein, dass das Publikum bedeutsame Vortheile aus der Konkurrenz gezogen habe?“ — *Antwort:* „Ich glaube, dass die Stationen zweiten Ranges eine Einbusse erlitten haben; aber im Ganzen genommen hat die Konkurrenz wohl einige Vortheile zur Folge gehabt. Sie hat z. B. den Eifer der bei der Leitung unserer Eisenbahnen betheiligten Persönlichkeiten bis zu einem Grade gesteigert, welcher unter anderen Verhältnissen nie erreicht worden wäre. Sie hat aber auch ausserordentlich viel Geld gekostet, *vielleicht 100 Millionen Pfund Sterling.* Diese 100 Millionen, mit anderen Worten, alles das, was über das nothwendige Maass hinaus verausgabt worden ist, ohne uns deshalb grössere als die gegenwärtig bestehenden Vortheile zu verschaffen, können niemals zurückgewonnen werden; allein es giebt noch ein anderes Uebel, welches von gleicher Tragweite ist und das tagtäglich grösser wird; *es sind dies die exorbitanten Kosten des Betriebes,* eine Folge des Mangels an einträchtigem Zu sammenwirken der Gesellschaften, welche durch Einführung unnützer Züge den Bahndienst in vielen Fällen ohne jeden Vortheil für das Publikum vertheuern. Ich glaube daher, dass thatsächlich, wie ich schon früher auseinanderzusetzen bemüht war, das Schlussresultat der Konkurrenz sich zum Nachtheile ebenso des Publikums wie der Aktionäre stellt; denn wenn auch die äussersten Verkehrspunkte an Begünstigungen scheinbar gewannen, so haben die Zwischenstationen desto mehr verloren."

Frage: „Angenommen, dass das Parlament die Konkurrenz nicht zugelassen hätte, würden in Folge dessen die älteren Linien, wie z. B. die North-Western, sich nicht eines massenhaften Verkehrs erfreut haben?" — *Antwort:* „Ganz unzweifelhaft würde sich die North-Western-Bahn, sowie die anderen älteren Linien, in einer weit günstigeren Lage befinden, als dies jezt der Fall ist, und ihre Aktionäre würden darnach streben, das Netz zu erweitern, anstatt sich jeder dahin zielenden Maassregel zu widersetzen, wie sie es oft und wie dies auch die Aktionäre der Midland-Bahn zur Zeit, da ihre Dividenden so niedrig standen, gethan haben. Alle Aktionäre werden, wenn ihre Dividenden sinken, unzufrieden. Ihr erster Schrei ist stets, alle Auslagen einzustellen, und um sodann dem Publikum die unerlässlichen Dienste zu erweisen, drängen sich alle möglichen Unternehmer vor, deren Intervention nicht nur sehr theuer zu stehen kommt, sondern auch von weit geringeren Vortheilen begleitet ist, als wenn dasselbe Kapital von einer der älteren Gesellschaften dem gleichen Zwecke zugeführt würde, namentlich unter der Voraussetzung, dass diese sich zu einem gemeinsamen Vorgehen vereinigen. Zwei von den grösseren Gesellschaften sind im Stande, durch den Aufwand von einigen Hundert Pfund Sterling dem Publikum mehr Erleichterungen zu gewähren als jede andere, ausserhalb der Gesellschaften und mit diesen in Feindschaft stehende Unternehmung durch Ausgabe einer zehnmal grösseren Summe zu schaffen vermag."

Frage: „Wenn die alten Gesellschaften die Gesammtheit jenes Verkehrs hätten ausnützen können, welchen sie gegenwärtig mit neuen Gesellschaften theilen müssen, wären sie dann nicht im Stande gewesen, ihre Tarife beträchtlich herabzusetzen?“ — *Antwort:* „Wenn das Parlament ein System angenommen hätte, demzufolge etwa mit dem Anwachsen der Dividenden eine Ermässigung der Tarife verbunden gewesen wäre, so würde mir dies äusserst vortheilhaft erscheinen.“

Frage: „Allein abgesehen von der Einflussnahme des Parlamentes, wenn die alten Gesellschaften den gesammten Verkehr behalten hätten, anstatt denselben mit Konkurrenz-Linien zu theilen, wären sie dann nicht im Stande, eine wesentliche Reduktion ihrer Tarife durchzuführen?“ — *Antwort:* „Gewiss!“

Sodann lasse ich noch die Aussage eines anderen Experten, des Zivil-Ingenieurs Harrison, folgen.

„*Frage:* „Glauben Sie, dass die Betriebskosten durch die Rivalität derjenigen Linien, welche mit der Bestimmung, sich gegenseitig Konkurrenz zu machen, geschaffen wurden, bedeutend erhöht werden?“ — *Antwort:* „Ich glaube, dass dies sehr oft der Fall war, und das Resultat war stets das folgende: Eine Linie, welche in der Absicht, Konkurrenz zu machen, konzessionirt worden ist, gibt stets nach kurzer Zeit Veranlassung zu einer gegenseitigen Verständigung und geht in den Besitz der älteren Gesellschaft über; und ich glaube nicht, dass jemals eine zum Zwecke der Konkurrenz erbaute Linie, soferne nicht lokale Verhältnisse ihren Einfluss geltend machten, gelungen sei.“

„*Frage:* „Aber das Publikum gewinnt doch während der ganzen Zeit, die jenem Einverständnisse vorausgeht?“ — *Antwort:* „Während einer gewissen Zeit wohl, allein nicht lange. Die Preise der Plätze werden zuerst während einiger Monate ermässigt, und dann kommen die Gesellschaften zur Ueberzeugung, dass sie weit klüger gehandelt hätten, sich ins Einvernehmen zu setzen. **Es giebt gegenwärtig kein einziges Beispiel, dass dort, wo eine Linie zum Behufe der Konkurrenz erbaut wurde, diese Konkurrenz noch bestünde.“**

„*Frage:* Die Möglichkeit, die Tarife herabzusetzen, findet sich also eingeschränkt?“ — *Antwort:* „Gewiss; man verausgabt zwei Kapitalien, um das Werk eines einzigen zu vollbringen. **Es ist klar, dass, wenn man billig transportiren will, dies eher mit einer Linie als mit zweien möglich ist.** Man nehme zwei Städte an, die ein mittelmässiges Frachtquantum liefern. Wenn dieser Verkehr sich auf zwei Linien vertheilt, so wird er weit minder vortheilhaft bewerkstelligt werden als mittelst einer Linie, — immer vorausgesetzt, dass die Herstellung der zweiten Bahn nicht in anderweitigen Umständen begründet sei. Denn ich behaupte natürlicherweise nicht, dass, wenn für die betreffende Gegend eine zweite Linie wünschenswerth erscheint, dieselbe nur aus dem Grunde nicht konzessionirt werden solle, weil sie mittelbar eine Konkurrenz hervorruft. Ich sage vielmehr das Gegentheil; allein eine Linie lediglich zum Zwecke der Konkurrenz zu bauen, ist ein Missgriff, wie die Erfahrung dies allenthalben, wo derartige Versuche gemacht wurden, erwiesen hat.“

Ferner bemerkt der Präsident der Birminghamer Handelskammer hierüber Folgendes:

Frage: „Es bestehen mehrere Eisenbahn-Gesellschaften, deren Linien Birmingham berühren, nämlich die der London- und North-Western-, die Great-Western- und der Midland-Bahn?“ — *Antwort:* „Ja wohl.“

Frage: „Hat sich unter diesen drei Gesellschaften nicht eine Konkurrenz herausgebildet, in Folge welcher die Tarife ermässigt wurden?“ — *Antwort:* „Gerade das Gegentheil hiervon hat stattgefunden.“

Frage: „Auch nicht für solche Stationen, welche durch

beide Linien zugleich verbunden werden?" — *Antwort:* „Im Gegentheile. Als die Gesellschaft der Great-Western-Bahn im Jahre 1859 sich mit einer Vorlage wegen Revision der Tarife an das Parlament wandte, wurde konstatirt, dass der Erfolg der Herstellung von Konkurrenz-Linien in einer Steigerung der Tarife bestanden habe. Es wurde durch Beispiele bestätigt, dass der Eisenbahntarif für Kurzwaaren zwischen Birmingham und Liverpool im Jahre 1839 16,75 Franken per Tonne betrug. Ungefähr um dieselbe Zeit bezog ich Waaren derselben Klasse von Liverpool, jedoch per Kanal und zu 15,70 Franken Transportkosten per Tonne. Die Eisenbahn, welche den Tarif mit 16,75 Franken angenommen hatte, erzielte damals, wenn ich nicht irre, eine 10prozentige Dividende. Etwas später fusionirte sich die Linie nach Liverpool mit der Bahn nach Manchester, und der Tarif wurde von 18,85 Franken auf 21,95 Franken per Tonne erhöht, als beide Linien der Gesellschaft London and North-Western einverleibt wurden."

Frage: „Von welcher Waarenklasse sprechen Sie?" — *Antwort:* „Von Kurzwaaren, welche zur II. Klasse gehören. An dem Tage, als auch die Gesellschaft der Great-Western-Bahn ihre Linie nach Liverpool eröffnete, oder doch im Laufe des auf die Eröffnung folgenden Monats wurde der Tarif in Folge einer Vereinbarung zwischen den beiden Gesellschaften auf 25,25 Franken erhöht; und derselbe blieb auch hinfort auf dieser Höhe bestehen, so dass der Preis nicht nur auf der Linie der London and North-Western, sondern auch auf der vermeintlichen Konkurrenz-Linie 25,25 Franken beträgt. Während nur die Gesellschaft Grand Junction allein bestand, zahlten wir nicht mehr als 16,75 Franken. Nach dem Gesagten halte ich es für überflüssig, noch besonders hervorzuheben, wie nachtheilig es ist, wenn *zwei Linien, von denen jede für sich ihre Dividende tragen soll, trotzdem eine einzige Bahn dem Verkehr genügt hätte, sich gezwungen sehen, eine den zweifachen Ertrag sichernde Vereinbarung zu treffen.*“

Das Urtheil des Comité vom Jahre 1872 über die Möglichkeit der Konkurrenz unter Eisenbahnen lautet denn auch dementsprechend folgendermassen:

„Die seit dreissig Jahren stets in sorgfältigster Weise zusammengesetzten Ausschüsse und Kommissionen haben nacheinander alle Formen der Konkurrenz hervorzubringen versucht; aber es stellte sich immer deutlicher die Unmöglichkeit heraus, dass die Konkurrenz auf dem Gebiete der Eisenbahn-Industrie dieselben Wirkungen erzeuge, welche sie sonst im Handel und Gewerbe hervorbringt, sowie andererseits bisher noch kein Mittel gefunden werden konnte, um den dauernden Bestand der Konkurrenz zu sichern. Ungeachtet der Einsprache der Staatsgewalten kamen unter den Gesellschaften die Fusionen und Kartellverträge ohne Hinderniss und fast systemlos zu Stande. In Folge dessen besteht jetzt eine Gruppe von Eisenbahnnetzen, welche vermöge ihrer bedeutenden Ausdehnung und in Folge des Mangels an Konkurrenz innerhalb grosser Gebiete ein Monopol erlangt haben, dessen Heranbildung seinerzeit die heftigste Einsprache der Behörden veranlasst hätte. Ueberdies fehlt jeder Grund, um anzunehmen, dass in dem Fortschritt der Fusionen ein Stillstand eingetreten sei, oder dass dieselben eher ein Ende nehmen werden, *als bis in Grossbritannien nur noch eine kleine Anzahl grosser Gesellschaften besteht.*“ Und etwas weiter heisst es in dem Berichte:

„Man kann es als eine allgemein feststehende Thatsache annehmen, dass jetzt rücksichtlich der Personen- und Frachtentarife eine ernstliche Konkurrenz unter den Gesellschaften nicht mehr vorhanden ist. So oft dieselben Ortschaften durch mehrere Bahnen verbunden sind, beobachten die betreffenden Gesellschaften bei Feststellung der Tarife ein gemeinsames Vorgehen. So z. B. haben die Gesellschaften der London and

North-Western-, der Midland- und der Great-Western-Bahn nicht blos für die Strecke zwischen Manchester und Southampton einen einheitlichen Tarif aufgestellt, sondern jede derselben hat sich verpflichtet, ohne Zustimmung der übrigen Gesellschaften keine Begünstigung zu gewähren. Und wenn nun irgend eine Gesellschaft zwischen denselben Punkten eine neue Linie herstellen wollte mit dem Versprechen, niedrigere Tarife einzuhalten, so ist es vollkommen sicher, dass diese Gesellschaft in der kürzesten Zeit sich genöthigt sehen würde, sich mit ihren Konkurrenten in's Einvernehmen zu setzen und ihre Tarife mit diesen auf denselben Stand zu bringen. Die Konkurrenz unter den Eisenbahngesellschaften besteht nicht mehr und wird auch in Hinkunft nicht bestehen können."

Das sind die Erfahrungen, die man in England, dem klassischen Lande der wirthschaftlichen Freiheit, mit der Konkurrenz der Eisenbahnen gemacht hat, und ähnliche Erfahrungen macht man in den Vereinigten Staaten von Nord-Amerika, wo gleichfalls der Staat dem Eisenbahnbau und Betrieb und der Konkurrenz ganz freie Hand gelassen hat.

Ziehen wir nun die Resultate unserer obigen Erörterungen: *Durch die Vielheit der deutschen Verwaltungen werden jährlich Millionen in der Verwaltung und dem Betrieb ohne Nutzen für die Gesammtheit verbraucht. Die Konkurrenz hat diese verschiedenen Verwaltungen dazu getrieben, Hunderte von Millionen in volkswirthschaftlich unnützen Bauten aufzuwenden, und diese Aufwendungen dauern noch fort. Diese Kapitalien sind unwiderbringlich für die deutsche Volkswirthschaft verloren. Sie müssen aber auch verzinst werden, und die Zinsen müssen aufgebracht werden aus den Frachteinkommen der Bahnen, ebenso wie die Millionen, welche überflüssigerweise in Verwaltung und Betrieb ausgegeben werden.* **Daher die unausbleibliche Folge, dauernde, ja höchst wahrscheinlich sich mit der Zeit noch steigernde Tariferhöhung.**

Wer das nicht glauben will, der sehe sich nur die diesjährigen Einnahmen der Deutschen Eisenbahnen, wie sie im Reichs-Anzeiger allmonatlich veröffentlicht werden, etwas genauer an. Eine grosse Anzahl Bahnen haben Mindereinnahmen gegen das Vorjahr, ein Theil hält sich ziemlich auf gleicher Stufe und nur eine ganz geringe Zahl hat entsprechende Mehreinnahmen, sodass das Gesammtresultat für das erste Halbjahr 1875 gegen das erste Halbjahr 1874 *trotz der 20prozentigen Tariferhöhung, welche in der ersten Hälfte 1874 nicht bestand, eine Mindereinnahme von 522 Mark pro Kilometer Bahnlänge ist!* Muss man hiebei auch in etwas die traurigen Verhältnisse der Industrie in Betracht ziehen, so ist doch andererseits zu bemerken, dass dieselben bereits im vorigen Jahre vorhanden waren und dass die gegenwärtige Verzinsung des Eisenbahn-Kapitals anerkannt eine ganz ungenügende ist. Wenn deshalb auch nach Ueberwindung der gegenwärtigen Krise die Verkehrsverhältnisse und damit die Einnahmen der Bahnen sich bessern, andererseits, wie bereits oben erwähnt, durch das Sinken der Preise der Materialien und der Arbeitslöhne die Betriebskosten sich vermindern, so wird es sich doch sehr fragen, ob die hieraus entspringenden Ueberschüsse genügen werden, um eine hinreichende Verzinsung des Eisenbahn-Kapitals zu erzielen. *Keinenfalls aber kann man unter den gegenwärtigen Verhältnissen auf eine Beseitigung der Tariferhöhung hoffen, dieselbe bleibt vielmehr permanent und die Eisenbahn-Verwaltungen werden, wie bereits in der Einleitung angeführt wurde, um ihrer Selbsterhaltung willen gezwungen sein, von der ihnen gewährten Möglichkeit einer definitiven Tariferhöhung Gebrauch zu machen.*

III.

Aus dieser sowohl für die Deutsche Volkswirthschaft im Allgemeinen, als für die Deutschen Eisenbahnen insbesondere unheilvollen Lage giebt es aber nach meiner festen Ueberzeugung nur einen Ausweg, nur eine Rettung und diese ist *grössere Konzentrirung der Deutschen Eisenbahnen.*

Dieses Mittel ist so wenig ein neues, wie die Uebel, denen es begegnen soll.

Wie sich aus dem oben Mitgetheilten schon zum Theil ergiebt, hat England vor fast 20 Jahren dieselbe Krisis durchgemacht, wie sie heute in Deutschland wüthet. Infolge der enormen Erfolge der ersten Eisenbahn-Unternehmungen waren dort die Bauten und Projekte wie Pilze aus der Erde geschossen. Hunderte von Eisenbahngesellschaften entstanden und bauten neue Linien. Es begann ein tolles Konkurrenzjagen, das damit endigte, dass, nachdem ein grosser Theil der Gesellschaften fallit geworden und die Dividenden selbst der ältesten und bestfundirten Gesellschaften auf ein Minimum gefallen waren, die Eisenbahnen anfingen, sich zu fusioniren oder wenigstens durch Verträge die Konkurrenz zu regeln. Diese Fusionen fanden in dem ausgedehntesten Masse statt. So ist die grösste englische Bahn, die London und Nordwestbahn, welche jetzt 2164 Kilometer im Betriebe hat, aus nicht weniger als 60 verschiedenen Gesellschaften entstanden, die Great-Western Bahn aus 38, die North-Eastern aus 28, die Great-Eastern aus 27 verschiedenen Bahnen. Bereits Ende 1871 war mehr als die Hälfte aller englischen Eisenbahnen in den Händen von 7 Gesellschaften vereinigt. Seitdem nehmen die Fusionen ununterbrochen ihren Fortgang und die Zeit ist nicht mehr fern, wo einige wenige Gesellschaften im Besitz des ganzen englischen Eisenbahnnetzes sein werden.

Zu ganz demselben Resultat hat, obwohl von ganz anderen Anfängen ausgehend und in anderer Weise die Entwickelung des französischen Eisenbahnwesens geführt. Auch hier sind die Eisenbahnen im Wesentlichen durch Privat-Industrie entstanden, aber der Staat hat, frühzeitig die Verderblichkeit und Unmöglichkeit des Konkurrenzprinzips erkennend, selbst das Eisenbahnmonopol organisirt und das gesammte Bahnnetz regional unter 6 grosse Gesellschaften vertheilt. Mit ängstlicher Sorgfalt wacht der Staat darüber, dass keine Konkurrenzlinien gebaut werden, welche nicht der Verkehr selbst erheischt, und indem er so den Gesellschaften die Erträgnisse ihrer Hauptlinien ungeschmälert erhielt, machte er es ihnen möglich, auch die minder rentirenden Nebenlinien auszubauen und verschaffte Frankreich frühzeitig ein zweckmässig angelegtes, gut rentirendes Netz von Eisenbahnen. Wenn man dazu nimmt, dass der Staat sich gleichzeitig auch die werthvollsten Garantien gegen den Missbrauch des den grossen Gesellschaften gewährten Monopols und den *kostenfreien Rückfall* aller Linien nach 90 Jahren vorbehalten hat, so kann man nicht umhin, die Eisenbahn-Politik der französischen Regierung als eine höchst glückliche und verständige anzuerkennen. Sie hat das Land vor den unproduktiven Ausgaben einer zügellosen Konkurrenz, wie sie in England Hunderte von Millionen verschlungen hat, bewahrt und hierdurch nicht zum geringsten Theil den enormen volkswirthschaftlichen Aufschwung ermöglicht, den Frankreich in den letzten 20 Jahren erlebt hat.

Die Erfahrungen unserer beiden in der Eisenbahn-Entwickelung so weit vorgeschrittenen westlichen Nachbarreiche weisen uns also gleichmässig auf das Prinzip der grösseren Konzentrirung unseres Eisenbahnwesens hin. Aber auch in den anderen europäischen Staaten, welche ein weiter entwickeltes Eisenbahnsystem besitzen, tritt diese Frage mehr und mehr in den Vordergrund. Wir brauchen zum Beweise nur auf Oesterreich-Ungarn und die Schweiz zu verweisen, wo unter dem Drucke der gegenwärtigen Nothlage die Konzentrirung und Fusionirung der kleineren Bahnen mehr und mehr in Fluss kommt.

Wenn man hiernach schon über das Heilmittel an sich nicht zweifelhaft sein kann, so ist die Frage desto schwieriger, in welcher Weise dasselbe in Deutschland anzuwenden ist. Die Verhältnisse liegen hier anders als in England und Frankreich. In beiden Ländern bestanden nur Privatgesellschaften, und so war die Fusion derselben zu grossen regionalen Netzen an sich gegeben. In Deutschland dagegen liegen Privat- und Staatsbahnen bunt neben- und durcheinander. Eine regionale Fusion der einen oder anderen unter sich erscheint nicht durchführbar, es müsste jedenfalls vorher ein grosser Austausch oder Kauf und Verkauf der beiderseitigen Linien stattfinden. Hiezu ist aber wegen der bedeutenden Schwierigkeiten einer derartigen Einigung, insbesondere, da sich die Staatsbahnen im Besitze der verschiedenen deutschen Staaten befinden, wegen der dazu nothwendigen Zustimmung nicht nur der verschiedenen Regierungen, sondern auch der verschiedenen Landesvertretungen so gut wie keine Aussicht vorhanden. Wenn hiernach die Möglichkeit ausgeschlossen erscheint, dass durch Kauf und Fusion abgeschlossene Netze von Staats- und Privatbahnen gebildet werden können, so bleibt Nichts übrig, als dass die Minorität, welche von den Privatbahnen gebildet wird, der Majorität sich assimilirt, d. h. *dass sämmtliche Bahnen Staatsbahnen werden.*

Im Jahre 1873 hatten wir bereits 10449 Kilometer Staatsbahnen und 2220 Kilometer Privatbahnen unter Staatsverwaltung gegenüber 9227 Kilometern Privatbahnen. Seitdem hat sich durch den Rückkauf der Bayerischen Ostbahnen durch den Staat, welcher den Staatsbahnen 764 Kilometer zu- und den Privatbahnen ebensoviel abführt, das Verhältniss noch wesentlich zu Gunsten der Staatsbahnen geändert, so dass man gegenwärtig rechnen kann, dass $^3/_5$ der Deutschen Bahnen Staatsbahnen oder unter Staatsverwaltung stehende Bahnen sind.

Aber abgesehen hievon weisen die Vorgänge anderer Länder und die Erfahrungen, welche bezüglich der Entwickelung des Eisenbahnwesens gemacht worden sind, auf diese Lösung der Frage als eine früher oder später durch die Nothwendigkeit gebotene hin. Es ist schon oben erwähnt, dass sämmtliche französische Bahnen nach 90 Jahren kostenlos an den Staat fallen werden, und wird Frankreich demgemäss in der ersten Hälfte des nächsten Jahrhunderts bereits ein grosses, alle Hauptlinien umfassendes Staatsbahn-Netz besitzen. Was das bedeuten will und welchen kolossalen Zuwachs von materiellen Mitteln der Staat hierdurch gewinnen wird, brauche ich nicht weiter auszuführen. Es genügt, auf die eine Thatsache hinzuweisen, dass durch den Kapitalswerth der französischen Bahnen fast die gesammte französische Staatsschuld gedeckt wird.

In Belgien ist man schon seit Jahren offen zu dem Prinzip der Staatsbahnen zurückgekehrt, nachdem man dasselbe eine Zeit lang verlassen hatte. Seit 1869 hat man mit dem allmählichen Rückkauf der Bahnen begonnen, so dass die belgischen Staatsbahnen, welche 1869 nur 863 Kilometer zählten, jetzt fast 2000 Kilometer erreichen. Noch im Mai d. J. hat der belgische Handelsminister unter der Zustimmung der Kammern die Erklärung abgegeben, dass mit der Zeit sämmtliche für den internationalen und den allgemeinen Lokal-Verkehr wichtigen Linien vom Staate erworben und Konzessionen zu solchen Linien nicht mehr an Private verliehen, sondern dieselben vom Staate selbst ausgeführt werden sollten.

Aber selbst in England, dem klassischen Lande der Privatbahnen, kommt man mehr und mehr zu der Ueberzeugung, dass ein Rückkauf der Bahnen durch den Staat auf die Dauer nicht zu umgehen sein wird. Allerdings stellen sich hier ganz besondere Schwierigkeiten entgegen, weil bei den vor dem Jahre 1844 konzessionirten Bahnen, welche gerade die Hauptlinien bilden, ein Rückkaufsrecht überhaupt nicht vorbehalten ist, während dasselbe bei den späteren Konzessionen nach 21 Jahren in Kraft tritt. Es würde auf alle Fälle eine enorme Summe zum Ankauf aller englischen Bahnen erforderlich sein, welche die Staatsschuld auf eine bedenkliche Höhe steigern würde. Trotzdem ist der Rückkauf bereits von den verschiedensten Seiten, sowohl von der Tages- und periodischen Presse, als im Parlament verlangt worden, und es lässt sich nicht verkennen, dass die öffentliche Meinung sich immer mehr zu Gunsten des Staatsbahn-Prinzips ausspricht. Besonders interessant ist die Ausführung, welche über diese Frage der als Autorität bekannte langjährige Ober-Inspektor des gesammten englischen Eisenbahn-Wesens im board of trade, Kapitän Tyler, bei Gelegenheit seiner Vernehmung in der Eisenbahn-Enquête des Jahres 1872 gab. Ich führe einen Theil derselben auszugsweise an, wie sie in dem oben bereits erwähnten v. Nördling'schen Buch über Eisenbahn-Konkurrenz und Fusionen in England wiedergegeben ist, um zu zeigen, mit welchen durchschlagenden Gründen und welcher Entschiedenheit Herr Tyler den Rückkauf der englischen Bahnen befürwortet:

„Die oft ausgesprochene Idee, dass die Interessen des Publikums und jene der Eisenbahn-Gesellschaften zusammenfallen, ist nur bis zu einem gewissen Grade richtig; der Hauptzweck der Gesellschaften ist oder soll sein, das Maximum von Reinerträgniss durch Einhebung möglichst hoher Taxen zu erreichen; das Publikum hingegen verlangt ein Maximum von Leistung für ein Minimum von Kosten. Die Gesellschaften verfolgen bis zu einem gewissen Grade das Ziel, die Tarife auf jenem Stande zu erhalten, welcher die höchsten Dividenden sichert. Der betriebführende Staat würde zum Objektiv nehmen, die Tarife auf jenes Minimum herabzusetzen, welches mit der Vermeidung jedes Verlustes noch vereinbar ist, d. h. er würde sich mit einem mässigen Erträgniss und entsprechend niedrigen Sätzen begnügen. Es ist un-“

„zweifelhaft, dass man unter der Verwaltung des Staates auch mit stark reduzirten Tarifen noch ein genügendes Erträgniss und gleichzeitig eine ausserordentliche Steigerung des Verkehrs erzielen würde: Ein derartiger Umschwung wäre für das Land von ungeheurem Nutzen.

Die Gesellschaften haben durchaus kein Interesse daran, eine grössere Anzahl von Personen oder Frachttonnen zu herabgesetzten Preisen zu befördern, sofern das Endresultat ihnen nicht einen bestimmten Nutzen abwirft. Sie haben nicht das Bestreben, die Gesammtheit des Verkehrs zu beleben, und begünstigen nur die von ihrem Standpunkte aus wirklich einträglichen Transportzweige. So lange die Konkurrenz bestand, hat dieselbe die Ursachen des Widerstreites zwischen den Interessen der Gesellschaften und denjenigen des Publikums gemildert; allein die Frage, welche sich jetzt aufwirft, ist: ein Mittel zu finden, wie gegenwärtig, wo die Konkurrenz durch die Assoziation ersetzt ist, die Interessen des Publikums gepflegt und gegen die neuen Monopole, welche täglich an Macht und Ausdehnung zunehmen und immer schwerer und schwerer zu beherrschen sind, geschützt werden können.

Bei rückhaltsloser Auffassung der Frage des Rückkaufes der Eisenbahnen durch den Staat kann mit Bestimmtheit behauptet werden, dass die Eisenbahngesellschaften in dem Maasse, als sie an Umfang und Bedeutung gewinnen, sich die Fehler, aber nicht auch zugleich die von einer staatlichen Verwaltung zu erwartenden Vorzüge aneignen. Kapitän Tyler hatte oft Veranlassung zu bemerken, dass der Betrieb gewisser Gesellschaften, — und unter ihnen der bedeutendsten, — mit Bezug auf Alles, was die so wichtige Frage der öffentlichen Sicherheit betrifft, sehr viel zu wünschen übrig lasse. In dem Maasse, als unsere Gesellschaften sich vergrössern, an Macht und Einfluss gewinnen, werden sie widerspänstiger, von innen und aussen schwerer in Bewegung zu setzen und nur zu häufig für den Fortschritt unempfänglich.“

„Die bedeutendsten Bahnnetze sind hinter den Anforderungen ihres wachsenden Verkehrs und ihres Geschäftsumfanges weit zurückgeblieben. Wie weit sind diese Unternehmungen hinsichtlich der für den Schutz der öffentlichen Sicherheit erforderlichen Maassregeln im Rückstande! Es lässt sich dies bis zu einem gewissen Grade aus den dem board of trade vorgelegten Berichten über die sich täglich erneuernden Unfälle beurtheilen. Dasselbe gilt für minder wichtige Gegenstände. So wurde allseitig die Einführung der Rauch-Coupé's bis zu dem Momente verweigert, wo sich die Legislative unter dem Einflusse einer allgemein laut gewordenen Klage zur Intervention genöthigt sah. Noch jetzt findet man auf den Linien von England nach Schottland weder jene einfache viel begehrte Einrichtung der Schlafwagen, noch auch bei den Nachtzügen jene zweckmässigen und wohlanständigen Vorkehrungen, welche in andern Ländern üblich sind. Ohne den bewundernswerthen, innerhalb einer kurzen Spanne Zeit erzielten Fortschritt im Maschinenwesen und die Verbesserung im Kommunikationswesen überhaupt leugnen zu wollen, ist doch weder der Bau noch der Betrieb der Eisenbahnen unter der Herrschaft der Gesellschaften vor Uebelständen und ernstlichen Nachtheilen bewahrt worden. Der Moment zu einer durchgreifenden Aenderung ist da, um sich für die Zukunft entsprechendere Einrichtungen zu sichern.

Die Intervention des Staates bei dem Postwesen war von einem vollständigen Erfolge begleitet, und dasselbe scheint auf dem Gebiete des Telegraphenwesens der Fall zu sein. *Sobald einer staatlichen Verwaltung eine kontinuirliche, regelmässige Arbeit übertragen ist, wird diese Arbeit gut und mit Oekonomie verrichtet, und es giebt in einem solchen Falle kein besseres Instrument als einen offiziellen Dienst unter einer entsprechenden Leitung.* Es kann der schon früher erwähnte Umstand nicht oft genug wiederholt werden, dass das Ziel einer staatlichen Verwaltung darin bestehen würde,“

„mit Hülfe neuer Erleichterungen und herabgesetzter Kosten den Personen- und Frachtenverkehr auf den thunlichst höchsten Stand zu bringen; wogegen der Zweck, welcher den gesellschaftlichen Verwaltungen vorschwebt, darin zu bestehen scheint, gewisse Sonderinteressen zu verfolgen oder ein Maximum des Gewinnes aus einem Minimum von Leistung herauszuschlagen.

Der beste Weg, der eingeschlagen werden könnte, wäre wahrscheinlich die Erlassung eines Gesetzes, welches den Rückkauf der gesammten bestehenden Eisenbahnen durch den Staat unter vortheilhaften, aber rücksichtsvollen, billigen Bedingungen ausspräche. Hiernach würden die erwähnten Bahnen von einem gewissen, festzustellenden Zeitpunkte an aufhören, das Eigenthum der verschiedenen Gesellschaften zu sein und würden in den Besitz des Staates mit der Bestimmung übergehen, vom Standpunkte der öffentlichen Interessen und nicht einzig und allein vom Standpunkte des Ertrages aus verwaltet zu werden; und zwar derart, dass der Betrieb unter Sicherstellung eines mässigen Gewinnes dem Personen- und Frachtenverkehre bei möglichst billigen Preisen ein Maximum von Erleichterungen gewähre.

Das zu errichtende Staats-Eisenbahn-Amt (Railway-Departement) würde auf diese Weise ein im Betriebe stehendes Bahnnetz erben und in demselben nach und nach vortheilhaftere Verbesserungen einführen. Die Staatsbehörde, welche lediglich das allgemeine Wohl und sonst nichts vor Augen hätte, welche überdies im Stande wäre, Kapitalien unter günstigen Bedingungen zu beschaffen, würde alle wünschenswerthen Aenderungen weit leichter durchführen, als dies unter den gegenwärtigen Verhältnissen geschehen könnte. Man sieht aus dem Fortschritt des Telegraphenwesens, wie die Einheit der Verwaltung in Verbindung mit der Leichtigkeit der Kapitalsbeschaffung es ermöglichte, zu gleicher Zeit die Oekonomie, die gute Erhaltung und die Steigerung der Leistungsfähigkeit“

„bis zu einem Grade sicherzustellen, welcher unerreichbar schien, so lange die Telegraphen vom Staate noch nicht angekauft waren. Ueberdies würden die Vortheile, welche dem Lande aus einem leichteren, leistungsfähigeren und doch billigeren Kommunikations-Systeme erwachsen, unendlich grösser sein, als jene Vortheile, welche aus der Verbesserung des Telegraphenwesens — mögen dieselben auch noch so hoch angeschlagen werden — resultiren.

Zum Schlusse glauben wir die Behauptung aufstellen zu können, das es in einer Epoche, wo die Fusion der Eisenbahnen sich bis zu einem hohen Grade schon verwirklicht hat, und wo neue Fusionen, welche die Entstehung eines vollständigen Monopols befürchten lassen, den Gegenstand von allerlei Vorschlägen bilden, die höchste Zeit sei, jene Mittel zu studiren, welche im Hinblicke auf die Wahrung der öffentlichen Interessen im Allgemeinen zur Anwendung gelangen könnten. Hiebei ist nur mehr zwischen zwei Systemen die Wahl zu treffen: die bevorstehenden Monopole müssen entweder durch den Staat im allgemeinen Interesse geleitet, oder aber durch die Direktoren der das Monopol besitzenden Gesellschaften in dem einzigen Interesse der Aktionäre verwaltet werden. In letzterem Falle müsste das Publikum bezüglich aller Punkte, bei welchen der Vortheil des Publikums mit dem vorausgesetzten Interesse der Gesellschaft nicht identisch ist, sich einfach mit den ihm zugestandenen Begünstigungen zufrieden geben. Die Art und Weise der Verwaltung der Gesellschaften hat bisher keineswegs die Ansicht derjenigen bestätigt, welche es für klug hielten, dass den Gesellschaften in demselben Maasse, als sie mächtig und in Folge dessen unabhängig wurden, auch ein entsprechend grösserer Einfluss eingeräumt werde. Die Verwaltung der Gesellschaften hat sich zuweilen als entschieden unglücklich, häufig als ungenügend und immer als unvollkommen in Beziehung auf den Verkehr und die Sicherheit“

„erwiesen; manchmal ist sie sogar unredlich gewesen. Eine gut geleitete Verwaltung durch den Staat hingegen wäre ökonomischer und mehr zufriedenstellend; denn sie hätte keinen anderen Zweck vor Augen, als das allgemeine Wohl. Sie hätte offenbar bedeutende und umfassende Reduktionen der Nebengebühren und Tarife zur Folge, und die hieraus entstehende enorme Steigerung des Verkehrs würde nicht nur dem garantirten Kapitale ein glänzendes Erträgniss sichern, sondern auch den Handel, die Industrie und somit den allgemeinen Aufschwung des Landes in unvergleichlicher Weise fördern. Nach Ansicht des Kapitain Tyler ergeben sich folgende Schlussforderungen: Der Rückkauf der Eisenbahnen ist eine Frage, welche die unmittelbare Aufmerksamkeit der königlichen Regierung verdient. Offenbar haben alle Parteien das Recht, in dieser Angelegenheit gehört zu werden, und ebenso erforderlich ist es, dass der Gegenstand vor irgend einer Entscheidung in gründlicher Weise, unter Wahrung der Oeffentlichkeit, diskutirt werde."

Allerdings hat das Parlament bisher sich geweigert, den Rückkauf der Eisenbahnen zu beschliessen, aber die Frage ist einmal in Fluss und wird nicht wieder vor ihrer Erledigung von der Tagesordnung verschwinden.

Auch in Oesterreich, wo man gegenwärtig eine grössere Konzentrirung der Eisenbahnen anstrebt, wird dabei die demnächstige Herstellung eines grossen Staatsbahn-Netzes nicht aus dem Auge verloren. Die sämmtlichen österreichischen Eisenbahn-Konzessionen mit Ausnahme derer der Kaiser-Ferdinands-Nordbahn enthalten die Bestimmung, dass die Bahnen nach 90 Jahren dem Staate *unentgeltlich* zufallen. In der Mitte des nächsten Jahrhunderts wird also Oesterreich unter allen Umständen im Besitze eines grossen Staatsbahnnetzes sich befinden, von dem die Anfänge bereits existiren und dessen baldige Vergrösserung bei den traurigen Verhältnissen, in denen sich eine grosse Zahl von oesterreichischen Privatbahnen befindet, vielleicht schon in nächster Zeit nicht unwahrscheinlich ist.

In Italien ist das Prinzip der Staatsbahnen Seitens der Regierung offen proklamirt. Schon seit zwei Jahren sind die Verträge über den Erwerb der Römischen und Südbahnen abgeschlossen, und ganz in neuester Zeit ist der Vertrag über den Ankauf der Oberitalienischen Eisenbahnen in Basel unterzeichnet worden. Es ist bemerkenswerth, dass gerade Italien trotz seiner nicht günstigen finanziellen Lage sich so beeilt, alle Bahnen der Halb-Insel in seiner Hand zu vereinigen. Der Vortheil, den man für das Land in politischer und finanzieller Beziehung aus dieser Massregel erwartet, muss wohl ein derartiger sein, dass er den italienischen Staatsmännern eine längere Hinausschiebung derselben unthunlich erscheinen liess.

Wenn man schliesslich noch hinzunimmt, dass auch in der Schweiz und selbst in den Vereinigten Staaten von Nordamerika neuerdings das Verlangen nach Erwerbung sämmtlicher Eisenbahnen durch den Staat laut geworden ist, als einziges Mittel, den mannigfachen Uebelständen zu steuern, welche das Privatbahnwesen mit sich gebracht hat, so lässt sich für den denkenden Beobachter nicht verkennen, dass es nicht theoretische Prinzipienreiterei, sondern eine tiefbegründete volkswirthschaftliche Nothwendigkeit ist, welche in allen entwickelteren Staaten auf das System der Staatsbahnen hindrängt.

Unter diesen Umständen kann aber im Ernste keine Rede davon sein, selbst wenn die obenerwähnten Hindernisse nicht im Wege ständen, unsere deutschen Staatsbahnen wieder in Privatbahnen zu verwandeln, oder auch nur durch Austausch eine grössere Konzentrirung der Privatbahnen zu ermöglichen.

Wir müssen vielmehr mit allen Kräften nach der baldigen Errichtung eines vollständigen Staatsbahnnetzes streben.

Die Frage, ob Staatsbahnen, ob Privatbahnen, ist bei uns in Deutschland, soweit sie überhaupt schon in allgemeineren Kreisen zur Diskussion gelangt ist, vorzugsweise als theoretische Prinzipienfrage behandelt worden und, wie es gewöhnlich zu geschehen pflegt, haben sich beide Theile über die prinzipiellen Vortheile und Nachtheile sehr erhitzt. Es liegt mir ferne, diese prinzipiellen Erörterungen hier zu wiederholen, ich möchte vielmehr die Frage nur vom praktischen Standpunkte behandeln. Dieser Standpunkt ist aber gegenwärtig meines Erachtens der, dass aus wirthschaftlichen Gründen eine grössere Konzentrirung unseres Eisenbahnwesens ein unabweisbares Bedürfniss ist, dass eine solche nach Lage der Verhältnisse und vernünftigerweise nur in dem Uebergang aller Bahnen in das Eigenthum des Staates gefunden werden kann und dass deshalb gar nicht mehr darum zu streiten ist, *ob* wir das Staatsbahn-System einführen sollen, sondern nur *wann?* und *wie?* Sobald aber dieser Standpunkt als der richtige anerkannt ist, so meine ich, dass alle Parteien, dass insbesondere die in ihrer Existenz bedrohten Privatbahnen ein Interessse daran haben, diese Entwicklung zu befördern. Denn es liegt klar auf der Hand, je eher wir uns die grossen wirthschaftlichen Vortheile eines einheitlichen Staatsbahnnetzes sichern, um so theurer können wir sie bezahlen, d. h. desto besser die jetzigen Besitzer der Eisenbahnen, seien es die Einzelstaaten, seien es die Aktien-Gesellschaften, entschädigen. Für letztere insbesondere liegen die Verhältnisse im Grossen und Ganzen schon gegenwärtig so, dass eine dauernde Besserung ihrer jetzigen, im Allgemeinen gewiss sehr traurigen Lage nur dann erwartet werden kann, wenn es ihnen gelänge, sich in grossem Massstabe zu fusioniren und regional abgeschlossene Gruppen zu bilden. Das ist auch von ihren einsichtigen Leitern erkannt, und sind in dieser Richtung Versuche gemacht, aber fast durchgängig ohne nennenswerthen Erfolg.

Sie scheitern eben einmal an den oben erwähnten widrigen Verhältnissen, andererseits an der, wie es scheint, noch nicht genügenden Erkenntniss der gegenwärtigen Lage Seitens eines Theils der Privatbahn-Gesellschaften und an einem gewissen Selbstständigkeitstrieb, der lieber zu Grunde geht, als rechtzeitig sich unterordnet. Die Privatbahnen haben gegenwärtig nicht einmal soviel Zusammenhalt und Kraft, um die nothleidenden neuen Linien nöthigenfalls mit gemeinschaftlichen Mitteln aufrecht zu erhalten oder zu annektiren, man hat vielmehr den Staat zu Hülfe rufen müssen. Das Staatsbahn-System gewinnt dagegen durch den Ankauf nothleidender oder Konkurrenzbahnen und durch den Bau neuer grosser Linien stetig an Ausdehnung, wodurch selbstverständlich die Lage der konkurrenzirten Privatbahnen nur nur noch prekärer wird. Unter diesen Umständen kann es aber nur vortheilhaft für die Privatbahnen sein, dass der einmal nicht zu vermeidende Verkauf an den Staat möglichst bald erfolgt. Denn während es jetzt vielleicht keinen Schwierigkeiten unterliegen würde, den grössten Theil der Privatbahnlinien unter voller Entschädigung ihrer Aktionäre zu veräussern, ist es sehr zweifelhaft, ob das in 20 Jahren noch der Fall sein wird. Schon jetzt ist eine enorme Summe an Kapital und Zinsen in den Eisenbahnpapieren verloren gegangen, wer kann wünschen, dass dieser Zustand noch Jahrzehnte fortdauert, bis eine Gesellschaft nach der andern sich ruinirt hat? Ist es da nicht für alle Interessenten weit vortheilhafter, wenn jetzt schon mit starker Hand in die Entwickelung unseres deutschen Eisenbahnwesens eingegriffen und dieselbe in die richtigen Bahnen gelenkt wird?

Einen praktischen Einwurf gegen den Erwerb aller Bahnen durch den Staat sei mir gestattet noch kurz zu berühren, er betrifft die Weiterentwickelung des Eisenbahn-Netzes, den Bau neuer Linien. Man hat stets mit Recht die grössere Initiative der Privat-Industrie in dieser Richtung betont und auf die Verdienste hingewiesen, welche sich dieselbe um den Ausbau unseres Eisenbahn-Netzes erworben hat. Ohne diese Verdienste irgendwie schmälern zu wollen, ist doch die Sachlage gegenwärtig so, dass die grossen rentirenden Linien fast sämmtlich in Deutschland gebaut sind und es sich wesentlich nur noch um Ausfüllung der Maschen des Eisenbahn-Netzes, um Lokalbahnen handelt. Diese wird aber die Privatindustrie *nicht* bauen, aus dem einfachen Grunde, weil sie nicht rentiren, und wenn sie hier und da es doch thut, wird sie eben dabei schlechte Geschäfte machen, wie dies schon in verschiedenen Fällen geschehen ist. Deshalb wird den weiteren Ausbau unseres Eisenbahn-Netzes im Grossen und Ganzen doch der Staat übernehmen müssen, entweder vollständig oder in der Form von Zins-Garantien und Beihülfen an einzelne Kreise und Provinzen, welchen die Ausführung der sie speziell interessirenden Lokalbahnen in dieser Weise und unter theilweiser Anwendung des Systems der Sekundärbahnen zweckmässig zu überlassen sein würde, während demnächst der Staat den Betrieb zu führen hätte.

Wenn aber so alle Erwägungen für das Staatsbahn-Prinzip sprechen, so muss dasselbe auch durchzuführen sein trotz aller der grossen Schwierigkeiten, welche entgegenstehen, *und zwar müssen die deutschen Eisenbahnen in das Eigenthum des Reiches, nicht etwa der Einzelstaaten übergehen.* Denn das Letztere würde zwar gegen den jetzigen Zustand einen Fortschritt bedeuten, aber dennoch nur einen unvollkommenen Zustand herbeiführen, der höchtens als eine Uebergangs-Periode zu acceptiren wäre. Ein derartiger Uebergangszustand ist aber weder nöthig, noch erwünscht, je rascher wir vielmehr das erstrebenswerthe Ziel erreichen, um so vortheilhafter für alle betheiligten Einzel-Interessen und für die ganze deutsche Volkswirthschaft. Nun würde die Vereinigung sämmtlicher Privatbahnen in den Händen der Einzelstaaten die grossen Vortheile, welche eine Vereinigung aller Bahnen in den Händen des Reiches mit sich bringen muss, nicht entfernt bieten. Nicht nur würden Verwaltung und Betrieb theurer sein, als eine einheitliche Verwaltung, sondern es würde auch die Konkurrenzmacherei zwischen den süd- und norddeutschen Bahnen und den Bahnen der Einzelstaaten unter sich sowohl im Betrieb als auch im Bau von Konkurrenzlinien mehr oder weniger fortbestehen. Eine derartige Konkurrenzmacherei unter Staaten, welche einem Reiche angehören, ist aber nicht nur an sich viel unnatürlicher, als eine Konkurrenz von Privatbahnen, sondern auch wirthschaftlich viel bedenklicher, weil die Mittel dazu aus dem Steuersäckel der Unterthanen genommen werden und die Konkurrenz nicht, wie bei den Privatbahnen, in den finanziellen Verhältnissen des Eisenbahnunternehmens ihre Grenze findet. Dagegen würde durchaus nichts entgegenstehen, den Einzelstaaten einen Einfluss auf die Lokalverwaltung der innerhalb ihres Gebiets gelegenen Bahnen zu belassen, der sich nicht auf die Ernennung der Lokalbeamten zu beschränken brauchte, sondern soweit reichen könnte, als eine Dezentralisirung vortheilhaft ist. *Aber sie dürfen nicht, und darauf ist der grösste Werth zu legen, eine grosse deutsche Eisenbahnpolitik unmöglich machen.* Von welcher Wichtigkeit gerade dieser letztere Punkt ist, darauf zurückzukommen wird am Schlusse sich noch die Gelegenheit bieten. Deshalb ist die Vereinigung der Bahnen in den Händen des Reiches nicht minder nothwendig, wie die der Post und Telegraphie, und der Bedeutung der Eisenbahnen gemäss, noch ungleich weit wichtiger als diese.

Wie aber soll das Reich die Bahnen erwerben? Diese Frage bleibt noch zu erörtern.

Die Sache würde meines Dafürhaltens so überaus schwierig nicht sein. Zunächst müssten selbstverständlich die gesetzgebenden Faktoren, Bundesrath und Reichstag, über das Prinzip des Ankaufs und die Art und Weise der Entschädigung sich einigen. Dann würde es sich darum handeln, die

Einzelstaaten wenigstens zum Theil dazu zu bewegen, ihre Staatsbahnen an das Reich, natürlich gegen volle Entschädigung, abzutreten. Hienach würde allmälig mit dem Ankauf der Privatbahnen vorzugehen sein. Liberale Offerten würden unzweifelhaft von einem grossen Theil der letzteren ohne Bedenken acceptirt werden. Den widerstrebenden Rest könnte man durch die Konkurrenz der übrigen in einer Hand vereinigten deutschen Bahnen leicht zwingen, event. könnten die betreffenden Einzelstaaten demnächst das ihnen zustehende Rückkaufs- oder Rückfallsrecht geltend machen.

Die Mittel zu diesen Erwerbungen müsste das Reich sich natürlich durch eine Anleihe beschaffen. Das Anlagekapital der gesammten deutschen Eisenbahnen beziffert sich gegenwärtig auf etwa 5500,000,000 Mark, allerdings eine nicht unerhebliche Summe! Hievon gehen indess ab 330 Millionen Mark Anlage-Kapital der Reichsbahnen in Elsass-Lothringen. Ausserdem würde man selbstverständlich nicht alle die unrentabeln, ja zum Theil banquerotten Bahn-Unternehmungen zu ihrem Anlage-Kapital ankaufen, sondern vielmehr den wahren Werth zu Grunde legen, so dass sich die vorstehende Summe bedeutend ermässigen wird. Baares Geld würde man kaum bedürfen, da sowohl die Einzelstaaten als die Aktionäre und Prioritäten-Besitzer der Privatbahnen gern zinstragende Reichs-Anleihe-Papiere nehmen würden, und es würde keinem Bedenken unterliegen, das Reich mit dieser Schuldenlast zu belasten, da es ja ein entsprechendes Eigenthums-Objekt dafür erhielte, welches eine mässige Verzinsung der Anleihe unter allen Umständen sichern würde. Es könnte sogar die Kontrahirung dieser Anleihe, in geschickter Weise ausgeführt, volkswirthschaftlich zum grössten Segen für das Deutsche Reich werden, indem für das deutsche Volk hiedurch ein sicheres Anlagepapier geschaffen würde, an dem es gegenwärtig so sehr fehlt. Ein grosses Volk bedarf eines derartigen Reservoirs, wo es seine Ersparnisse bequem und sicher anlegen kann, wie es Frankreich bereits in seiner Staats-Rente besitzt. Es ist wohl kein Zweifel, dass dies Institut sehr mit dazu beigetragen hat, Frankreich über die durch den letzten Krieg veranlassten gewaltigen finanziellen Verlegenheiten und Verluste so leicht hinwegzuhelfen. Andererseits hat in Deutschland anerkanntermassen die letzte Gründungs- und Schwindelperiode nur dadurch in solchem Umfange in Szene gesetzt werden können, dass das Reich und Preussen mit umfassenden Rückzahlungen von Anleihen vorgegangen ist, und das Privatkapital in Verlegenheit um eine Anlage war.

Gegenwärtig aber liegen wieder Hunderte von Millionen in Sparkassen oder ganz unproduktiv brach, weil alle Privatunternehmungen nur mit Misstrauen angesehen werden und es an Gelegenheit zur sicheren Anlage fehlt. Deshalb würde jetzt eine besonders günstige Zeit sein, die Erwerbung der sämmtlichen deutschen Bahnen für das Reich zu beginnen. Es bedürfte dazu allerdings zunächst Seitens der Reichsverwaltung eines vollständigen Aufgebens ihrer bisherigen Eisenbahn-Politik, welche ganz andere Wege eingeschlagen hat. Während man bei Gründung des deutschen Reichs mit richtigem Gefühl sofort darauf Bedacht nahm, die Post- und Telegraphen-Verwaltung dem Reiche zu übertragen, hat man sich anscheinend durch die grösseren Schwierigkeiten, die der Vereinigung sämmtlicher Bahnen unter Reichsverwaltung entgegenstanden, abschrecken lassen und versucht, durch Konstituirung eines Aufsichtsrechts den nothwendigen Einfluss des Reichs auf diese wichtigen Verkehrsmittel zu sichern. So schön dieser Gedanke in der Theorie ist, so undurchführbar ist er leider in der Praxis. Entweder bleibt das Aufsichtsrecht, was es ist, ein auf die Beseitigung einzelner Missstände und Beschwerden beschränktes, für die Entwickelung des Eisenbahnwesens im Ganzen und Grossen bedeutungsloses Recht, wie sich dasselbe in England ausgebildet hat, oder man kommt über die Grenzen eines blossen Aufsichtsrechts hinaus zu einer Oberverwaltung des Reichs und Mediatisirung der Staats- und Privatbahnen, wie dies neuerdings bei uns in den verschiedenen Entwürfen eines Reichseisenbahngesetzes angestrebt wird. Im ersteren Falle ist dies Aufsichtsrecht gänzlich unzulänglich, den nothwendigen Einfluss des Reichs auf das deutsche Eisenbahnwesen zu sichern, den letzteren Bestrebungen stellt sich dagegen der schärfste und berechtigteste Widerstand der Einzelstaaten und Privatbahnen entgegen. Denn es ist billigerweise weder von den Einzelstaaten noch von den Aktien-Gesellschaften zu verlangen, dass sie sich ihre wichtigsten Rechte, ja mehr oder weniger ihre ganze Selbstständigkeit *ohne Entschädigung* sollen nehmen und ihre Bahnen der Reichsverwaltung unterstellen lassen. Das geschieht aber auch in dem neuesten Entwurf eines Reichs-Eisenbahn-Gesetzes, wie kein unparteiischer Sachverständiger verkennen kann. Die heftige Opposition, welche bisher den Entwürfen eines Reichseisenbahngesetzes entgegengetreten ist, wird aber nicht leicht auf irgend eine Weise zum Schweigen gebracht werden können, weil es sich hier nicht nur um eine bedeutende Ausdehnung der Reichsgewalt auf Kosten der Einzelstaaten, sondern auch um enorme privatrechtliche und Vermögens-Interessen handelt, welche durch das Reichseisenbahngesetz gefährdet werden. Darüber muss man sich klar werden, und dann wird man von selbst dazu kommen, einen anderen Weg einzuschlagen und die berechtigten Ansprüche des Reichs auf Leitung des deutschen Eisenbahnwesens ohne Verletzung der entgegenstehenden ebenso berechtigten Interessen, d. h. durch Entschädigung der bisherigen Besitzer und Ankauf der Eisenbahnen zu verwirklichen.

Diese Politik würde die Hindernisse zum grössten Theil beseitigen, welche bisher den Bestrebungen der Reichsverwaltung sich entgegenstellten, und es bedürfte nur des Vorgehens des leitenden deutschen Staates, Preussens, um die Sache in Fluss zu bringen.

Mit dem Tage, wo Preussen mit dem Reiche übereinkommt, ihm seine Staatsbahnen abzutreten, würde der Erfolg gesichert sein. Ein Theil der deutschen Staaten, welcher Bahnen besitzt, würde sofort folgen, eine Ausnahme würden vielleicht Baiern, Württemberg und Sachsen machen, aber sicher auf die Dauer ihren Widerstand nicht aufrecht erhalten. Denn die Vortheile, welche für alle Theile aus einer derartigen Politik entsprängen, sind zu einleuchtend: *Die Einzelstaaten würden ihre Staatsschulden ganz oder zum grössten Theil mit einem Schlage los, und sie würden in ihren Budgets nicht mehr auf so bedenklich wechselnde Einnahmen angewiesen sein, wie es doch die Einnahmen aus einzelnen Eisenbahn-Unternehmungen sind, während sie in dem thatsächlichen Besitze und Genusse der in ihrem Gebiet gelegenen Bahnen unter Garantie einer volkswirthschaftlich guten und ihrem Einfluss zugänglichen Verwaltung bleiben würden. Die Privatbahnen würden aus ihrer zum Theil kläglichen Lage befreit und ihre Aktionäre würden gegen den jetzigen Zustand entschieden gewinnen,* **die Tariferhöhung würde fallen können** *und für die gesammte deutsche Volkswirthschaft durch eine gesunde Eisenbahn-Politik gar nicht zu ermessende Vortheile entstehen.* Es klingt vielleicht kühn, soviel zu versprechen, aber man kann die Vortheile einer derartigen Maassregel kaum hoch genug anschlagen. Nach meiner festen Ueberzeugung werden wir durch die rasche und geschickte Durchführung der Vereinigung der deutschen Eisenbahnen in den Händen des Reiches es erreichen, auch wirthschaftlich den beiden grossen Nachbarstaaten, Frankreich und England, welche uns an natürlichen Hülfsmitteln zum Theil bedeutend übertreffen, uns ebenbürtig an die Seite zu stellen. Mit der Entwicklung des Eisenbahnwesens hängt die gesammte Entwicklung der modernen Volkswirthschaft so innig zusammen, dass dasjenige

Volk, welches hier voranschreitet, welches hier die richtigen Wege einschlägt, der gesunden und raschen Entwicklung seiner Volkswirthschaft sicher ist, während umgekehrt eine falsche Eisenbahn-Politik die schlimmsten Folgen in dieser Richtung haben muss. Welchen Einfluss auf die Entwicklung von Industrie und Handel die Tarif-Politik der Eisenbahnen ausübt, das ist leider weit zu wenig bekannt und beachtet. Aber wenn wir den Engländern und den Franzosen bisher in Industrie und Handel nicht gleichkommen, wenn wir alljährlich mit Unterbilanzen gegenüber dem Ausland arbeiten, so ist die Zerrissenheit unseres Eisenbahn-Netzes nicht die geringste Ursache. Wie können z. B. unsere deutschen Seehäfen mit den holländischen und belgischen Häfen in Süddeutschland und der Schweiz konkurriren, wenn die an Belgien und Holland angrenzenden deutschen Bahnen, weil sie zufällig hier ihre längsten Strecken haben, für die fremden Häfen vortheilhaftere Transittarife gewähren, als für die deutschen Häfen? Und wie kann der deutsche Export nach dem Ausland festen Fuss fassen, wenn ihm nicht durch billige Export-Tarife die Möglichkeit dazu erleichtert wird, und es in den Händen irgend einer kleinen Bahn-Verwaltung liegt, aus Eigen-Interesse oder Eigensinn diese Tarife zu versagen?

Gegenwärtig ist in der That die Sachlage so, dass die wichtigsten Interessen des deutschen Handels und der deutschen Industrie in den Händen der 63 verschiedenen deutschen Eisenbahn-Verwaltungen liegen, welche ihrerseits, wie das nicht anders möglich, lediglich ihre eigenen, nach der Lage und Ausdehnung ihres Bahnnetzes höchst verschiedenen und durchaus nicht immer mit denen des Handels und der Industrie zusammenfallenden Interessen verfolgen. Nun kann es aber gar keinem Zweifel unterliegen, dass die Erhöhung oder Ermässigung der Frachttarife für den Verkehr dieselben Wirkungen hat, wie die Erhöhung oder Ermässigung der Zölle. Was würde man aber wohl sagen, wenn man die letzteren in das Belieben von 63 verschiedenen, theils staatlichen Behörden, theils Vorständen von Privat-Gesellschaften legen und jedem Einzelnen das Recht geben wollte, den Zoll auf diesen Artikel heute zu ermässigen, auf jenen morgen zu erhöhen?

Die jetzige Lage des Verkehrs gegenüber den Eisenbahn-Verwaltungen hat die grösste Aehnlichkeit mit der vor Gründung des Zoll-Vereins: wie damals jeder Kleinstaat durch hohe Zollsätze, so kann jetzt jede Bahn-Verwaltung durch hohe Frachtsätze den Zugang zu dem von ihr beherrschten Verkehrs-Gebiet für die eine oder andere Industrie unmöglich machen. Dass die schlimmsten Konsequenzen dieses Systems theils durch die, wenn auch verschiedenartig geübte Staatsaufsicht, theils durch das Eigen-Interesse der Bahnen verhindert werden, ändert an der Sache Nichts. *Schaden wird mehr als genug angerichtet durch die selbstständige Tarifpolitik der Eisenbahn-Verwaltungen, das ist ausser Zweifel und nach der Natur der Sache gar nicht anders möglich.*

Es ist in der That kaum zu verkennen, dass eine gesunde, den nationalen und volkswirthschaftlichen Interessen Deutschlands entsprechende Eisenbahn-Politik nur möglich ist, wenn die Leitung des gesammten Eisenbahnwesens in den Händen des Reiches vereinigt wird, und man kann sagen, dass dies für die Entwicklung unseres Handels und unserer Industrie gegenwärtig nicht minder wichtig ist, als seiner Zeit die Gründung des Zollvereins. Mit der Vereinigung aller Bahnen in der Reichs-Verwaltung wird aber nicht nur die Tarif-Erhöhung fallen können und eine richtige Tarif-Politik möglich werden, sondern es werden auch zum grossen Theil jene Wünsche und Beschwerden sich von selbst erledigen, welche seit so langer Zeit das verkehrtreibende Publikum beschäftigt haben und mit deren Beseitigung sich gegenwärtig das Reichs-Eisenbahn-Amt theilweise ohne jeden

Erfolg abmüht. Wir werden mit einem Schlage einen einheitlichen einfachen Tarif, eine einheitliche rasche Abwicklung der Reklamationen, einheitliche Normen für Bau und Betrieb haben — kurz alles das, was jetzt als eine Sisyphus-Arbeit erscheint und es wirklich ist, wird von selbst als reife Frucht uns in den Schooss fallen.

Leider zeigt das grosse deutsche Publikum gegenüber diesen wichtigsten Fragen der Jetztzeit einen derartigen Indifferentismus oder im besten Falle eine derartige oberflächliche Auffassung, dass es kaum zu verwundern ist, wenn die so dringende Reform unseres Eisenbahnwesens nicht von der Stelle rückt. *Möchten der deutsche Handelsstand und die deutschen Industriellen endlich erkennen, wo die Wurzel des Uebels liegt, das jetzt an einzelnen Stellen mit Palliativ-Mitteln vergeblich bekämpft wird, und mögen sie dann in Wahrung ihrer so sehr betheiligten Interessen auf eine gründliche Kur hinwirken. Erst wenn die öffentliche Meinung in diesen Fragen eine klare entschiedene Stellung genommen hat, wenn die Reichs- und Landes-Vertretungen dieser Angelegenheit diejenige Aufmerksamkeit widmen, welche sie verdient, aber dann auch ohne Zweifel ist Aussicht vorhanden, dass Deutschland auch auf diesem Gebiete zu der für seine wirthschaftliche Entwicklung so nothwendigen Einheit gelange!*

Buchdruckerei von Gustav Schade (Otto Francke) in Berlin.

FSC
www.fsc.org
MIX
Papier | Fördert gute Waldnutzung
FSC® C083411

Kolibri 360 GmbH
Ferdinand-Jühlke-Straße 7
99095 Erfurt, Deutschland
produktsicherheit@kolibri360.de